너_언제까지
회사 다닐래?

너_ 언제까지
회사 다닐래?

밀레니얼 세대의 슬기로운 직장 생활

주에키 다로 쓰고 그림

서수지 옮김

레몬한스푼

'내일 출근이네. 아, 가기 싫다….'

나는 이불 속에서 매일 밤 같은 생각을 하며 잠을 이루지 못하고 뒤척였다.

이 책을 손에 든 독자 여러분도 많든 적든 비슷한 생각을 하며 잠 못 드는 밤을 보내고 있지 않을까.

이 책에는 '그렇게 보잘것없는 일로 고민하지 마!'라는 핀잔을 들어도 별 이상하지 않은 사소한 일에 관한 고민과 그 고민을 조금이나마 가볍게 만들기 위한 내 나름의 해결책을 담았다.

나는 곤충 4컷 만화와 일러스트를 SNS에 올리는 등 일러스트레이터로 일하고 있다. 몇 년 전까지 나는 아무리 해도 손에 익지 않는 일과 불편한 직장 분위기에 적응하지 못해 매일 고민했다.

　나는 경영자도 우수한 비즈니스맨도 아니기에 '사흘 만에 성과가 뚝딱 나오는 업무의 기술'이나 '누구에게나 사랑받는 화술' 등과는 인연이 없다.

　그저 이 책을 읽는 동안 잠시나마 웃을 수 있기를 바란다. 웃다 보면 어깨를 짓누르던 묵직한 고민의 무게가 조금은 홀가분해질 수 있다. 그러면 내일 일하러 갈 기분이 조금이라도 들 수 있을 테니 말이다.

주에키 다로
じゅえき 太郎

일개미
둥지 청소부,
유충 돌보미,
먹이를 모으는 개미.

주에키 다로
당시 24세(정직원)
지게차 면허 소지자

아차, 도감
볼 시간 없지,
일하자, 일해!

일개미도
고생이
많구나
....

곤충
곤충

어라?

아침부터 밤까지 일하는데
휴일도 거의 없고,
그렇다고 일하지 않으면
먹고 살길이 막막하고,

일개미와 비교하면
나는 어떨까?

제2장

이게 정말 제 일인가요?

'일' 이러쿵저러쿵

제3장

정시 출근해서 칼퇴근하는
직장인이 정말로 있기는 할까?

'늦은 밤 야근' 이러쿵저러쿵

제4장

"지금은 업무 시간이 아닌데요."라는
한 마디가 나오지 않는다

'업무 시간 외' 이러쿵저러쿵

제5장

사람은 왜 일하지 않으면
살 수 없는가?

'취직, 이직' 이러쿵저러쿵

제6장

취미가 일이 되었을 때
치러야 하는 대가는?

'프리랜서' 이러쿵저러쿵

제 1 장

일보다 직장 내
인간관계가 더 고달프다

'인간관계' 이러쿵저러쿵

1 아무래도 껄끄러운 사람이 있다

학교, 아르바이트 하는 곳, 직장 등 어느 곳에서나 이상하게 불편한 사람이 있다.

- 자기 업무를 남에게 맡기는 사람
- 다른 사람 말은 듣지 않고 자기 할 말만 하는 사람
- 별일 아닌 일에 대뜸 호통부터 치는 사람

불편한 사람의 유형과 이유는 참으로 다양하다.

나에게도 유독 불편한 사람이 있었다. 나는 워낙 새가슴이라 고압적이고 화가 많은 사람과 잘 맞지 않는다. 그런 사람과 같이 있으면 아무래도 불편하다. 별안간 소리라도 지르면 경기하듯 깜짝깜짝 놀라기도 한다.

남몰래 그 사람을 싫어하며 하루하루를 보냈다. 어느 날 더는 못 참겠다는 생각에 용기를 짜내 말을 걸어 보았다.

"지금 바쁜 거 안 보여!"

그가 냅다 소리를 지르는 바람에 나는 순간 넋이 나갔다.
바로 내 자리로 돌아와 마음을 가라앉히기 위해 우선 심호흡.
한바탕 맘고생을 하고 나서 한동안 그 사람에게 다가가지 말자고 마음을 다독였다.
몇 개월 뒤 어쩔 수 없이 그 사람에게 서류 검토를 부탁해야

하는 순간이 왔다.

아침부터 우울했다. 멀리서 그 사람을 관찰하다 일에서 손을 떼는 순간을 노렸다. 컴퓨터 화면이 업무에서 뉴스 사이트로 바뀌는 순간 말을 붙였다.

"확인 부탁드립니다!"

"그래."

다행히 한 마디로 끝났다. 화도 내지 않고 오히려 친절했다.

그 뒤로 그 사람을 관찰하다 깨달았다.

사실 그 사람은 오전 바쁜 시간에는 다른 사람이 자신에게 말을 걸지 못하도록 벽을 세우고 누군가 그 벽을 넘어 들어와 자신의 영역을 침범하면 집 지키는 개처럼 길길이 날뛰는 습성이 있었다.

그 사실을 알고 나서부터 긴급한 용무 이외에는 오후의 비교적 한가한 시간에 말을 걸자고 다짐했다.

"신입 사원 중 말이 제일 잘 통한다."

자신의 영역을 침범하지 않자 칭찬도 받았다. 나중에는 바쁜 오전 시간에도 구박하지 않고 응대해 주었다.

불편한 사람이 있으면 먼저 거리를 두고 그 사람을 관찰해 보자. 주의 깊게 찬찬히 관찰하다 보면 그 사람이 지금 어떤 기분인지 알 수 있는 날이 올 것이다.

기분이 좋은 순간을 노려 말을 붙여 보자. 시작이 좋으면 반은 먹고 들어간다. 관찰에 공을 들이면 의외로 대화를 순조롭게 이어 나갈 수 있다.

친해지고 싶다고 해서 급하게 거리를 좁힐 필요는 없다. 느긋하게 관찰하며 소통 방식과 타이밍을 가늠해 보자.

\ POINT /

불편한 사람에게는 불쑥 다가가지 말고 관찰한다.

2 어디서부터 거절해야 할지 선을 그을 수 없다

 나보다 한 기수 위에 무척 다정한 선배가 있었다.

그 선배는 나를 포함한 모든 후배를 언제나 웃는 얼굴로 대했고, 인상 한번 찌푸리지 않고 일을 가르쳐 주었다. 그는 내가 가장 존경하는 선배 중 한 사람이었다. 그런데 의외로 회사에서는 그리 좋은 평가를 받지 못했다. 처음에는 그 이유를 도저히 이해할 수 없었다.

반년가량 같이 일해 보고 나서 깨달았다. 그 선배는 워낙 상냥한 성격이라 무슨 일이든 부담 없이 부탁할 수 있었다. 그런데 착한 성격이 화근이 되었다. 선배를 만만하게 본 사람들이 선배를 이용하기 시작했다. 선배는 주위에서 이것저것 부탁하면 거절하지 못하고 온갖 잡무를 도맡았고 엄청난 양의 일감을 잔뜩 끌어안고 끙끙대며 혼자 속앓이를 했다.

그러다 보니 선배는 정말로 해야 할 본인의 업무에 집중하지 못해 실적이 저조해졌고 업무 평가에서 좋은 점수를 받지 못했다.

업무량에 비례해 야근 시간이 터무니없이 길어진 선배는 어느 날 한계가 왔는지 돌연 사표를 내고 회사에서 사라졌다. 나는 착한 사람이 손해를 보는 현실이 속상했지만, 한편으로는 뭐든지 친절하게 받아 주는 게 능사가 아님을 배웠다.

자칫 과도한 업무를 떠안지 않도록 적절한 선에서 거절해 자신을 지키는 자세가 중요하다.

╲ POINT ╱

힘들 때는 힘들다고 말하자.

3 직장 분위기에 익숙해지지 않는다

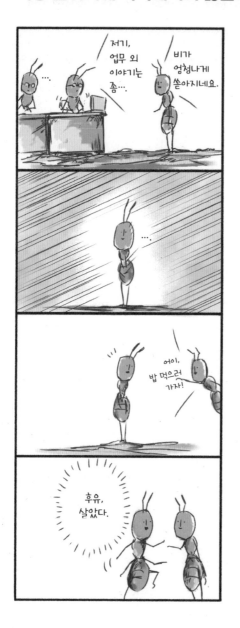

직장 분위기는 입사해서 실제로 일해 보지 않으면 알 수 없는 법이다.

구직 사이트에는 따뜻하고 편안하다고 적혀 있는데 사실은 찬바람이 쌩쌩 도는 약육강식의 전쟁터처럼 살벌한 분위기일 수도 있다.

반대로 화기애애한 정도가 지나쳐서 휴일에도 동료들과 어울려 등산이나 캠핑을 즐기고 고기를 구워 먹으며 떠들썩하게 어울리는 흔히 말하는 가족 같은 분위기라면 집에서 혼자 벌레 그림을 그리며 노는 나 같은 사람에게는 맞지 않는 직장이다.

자신에게 딱 맞는 직장을 만나기는 쉽지 않다. 또 아무리 보람 있는 일이라도 직장 분위기에 익숙해지지 못하면 출근이 고역이 되고 사무실 의자가 가시방석이 될 수 있다. 직장 분위기는 정말로 중요하다.

구직 사이트에서는 부디 예비 직장인을 위해 '급여, 휴가 일수, 야근 수당'과 함께 '분위기'라는 항목을 만들어 주었으면 좋겠다.

만약 나와 전혀 맞지 않는 분위기의 회사를 선택했다면 꾸역꾸역 출근해서 스트레스를 받지 말고 이직을 고려하는 게 바람직하다.

만약 자신과 맞지 않는 직장에 덜컥 입사해 버렸다면 어떻게 해야 할까?

내 무덤을 내가 팠으니 참고 버티며 다녀야 할까?

목구멍이 포도청이라 도저히 사표를 낼 수 없는 상황이라면 일단 나와 같은 감성을 가진 동료를 부지런히 물색해 보자.

회사 전체 분위기를 바꿀 수 없다면 내 주변 분위기라도 바꾸어 보자. 잘 맞는 동료를 찾으면 소외감도 줄어들고 한결 일하기 편한 환경을 만들 수 있다.

학창 시절을 떠올려 보자. 반마다 항상 몇 개의 무리가 있다. 운동처럼 몸 쓰는 일을 좋아하는 무리와 책이나 영화를 좋아하는 문화계 무리, 게임이나 만화를 좋아하는 일명 오타쿠 무리, 나처럼 벌레를 좋아하는 괴짜 무리 등 다양한 무리가 있다.

벌레를 좋아하는 무리에 속하는 나 같은 사람이 혼자 체육계 친구들 사이에 섞이면 개밥에 도토리처럼 섞이지 못하고 겉돌 수밖에 없다.

단 한 명이라도 좋으니 나와 같은 감성을 지닌 동료를 찾아서 둘이서라도 무리를 만들자. 내가 속할 무리가 생기면 나와 맞지 않는 무리 사람들과 억지로 부대낄 필요 없이 "오늘은 피곤해서요."라고 적당히 둘러대고 잘 맞는 동료와 어울리거나 혼자 고독을 씹으며 적당히 시간을 보낼 수 있다. 무리는 나를 지켜주는 울타리이자 안도감을 느끼게 하는 피난처가 될 수 있다.

반대로 취미도 성격도 맞지 않는 사람과 사이좋게 지낼 수 있는 순간이 찾아올 때가 있다.

입사 초기에는 나와 성격이나 취미가 정반대인 동기와 도저히 잘 지낼 자신이 없었다.

그런데 한 달 정도 지나자 의기투합했다. 일이 워낙 힘들어서 직장에 대한 불만으로 똘똘 뭉친 우리는 어느새 죽이 잘 맞는 사이가 되었다.

직장에 대한 불만이라는 공통점이 생기자 함께 점심을 먹으러 나가거나 회사에 대한 불만을 쏟아 내며 고달픈 직장에서 잠시나마 편하게 이야기를 나눌 수 있는 사이가 되었다.

덕분에 불편했던 직장도 나와 같은 기분을 느끼는 동료가 있다는 안도감으로 훨씬 지내기 편해졌고, 무슨 일이 있어도 동료와 이야기로 풀며 그럭저럭 넘길 수 있게 되었다.

POINT

단 한 명이라도 동지가 생기면 괴로운 일을 극복할 수 있다.

4 나보다 유능한 후배가 들어올지 모른다는 불안

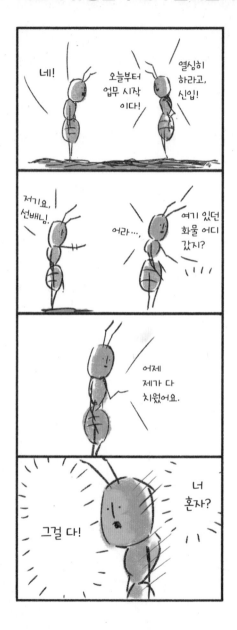

누구에게나 어색한 신입 사원 시절이 있다.

지금까지 모르는 일은 선배한테 물어볼 수 있었는데 신입 사원이 들어오니 질문을 받는 위치가 되었다.

일을 배우는 위치에서 가르치는 위치가 되니 업무에도 변화가 나타났다. 예전에는 선배의 등을 바라보며 선배의 뒤를 쫓았는데 이제는 언제 추월당할지 몰라 마음을 졸이며 후배에게 추격당하는 신세가 되었다.

4월의 어느날, 우리 회사에 무서운 신입이 나타났다.

신입 사원 시절 나는 업무 방법을 수첩 어디에 적어 두었는지를 잊어 버려 수첩을 정신없이 넘기며 식은땀을 흘리는 한심한 새내기였다. 그런 나와 달리 후배로 들어온 신입 사원은 어지간한 일은 메모하지 않았다.

"메모해 두지 않아도 괜찮겠어?"

"네. 이 정도는 충분히 기억할 수 있습니다."

내 딴에는 메모할 시간을 주려고 배려 차원에서 물었더니 당돌한 대답이 돌아와 화들짝 놀랐다. 처음에는 신입 사원답지 않은 후배를 대하는 방법을 몰라 애를 먹었다.

그러다 나도 그 친구에게 일을 가르치며 차츰 업무가 손에 익었고 그와 함께 성장할 수 있게 되었다. 후배에게 가르쳐 주는 과정에서 자신도 성장할 수 있으니 너무 조바심을 낼 필요는 없다.

＼POINT／

유능한 후배를 내 편으로 만들면 덩달아 나도 성장할 수 있다.

5 누구의 지시에 따라야 할지 알 수 없다

사장, 상사, 선배 등 나보다 직급이 위인 사람의 지시는 회사원에게 절대적으로 따라야 할 명령처럼 느껴진다. 위에서 내려온 지시에 이유 없이 'NO'를 연발하면 이른바 관심 사원이 될 수 있다. 높으신 분들에게 미운털이 콕 박히면 직장 생활이 고달파질 수 있다.

그런데 위에서 내려온 지시가 사람마다 제각각 다를 때는 어느 장단에 맞추어야 할까?

지시를 받는 쪽에서는 난감하다.

나도 두 명의 상사 사이에 끼여 이러지도 저러지도 못했던 적이 있다.

한 명을 상사 A, 다른 한 명을 상사 B라고 치자.

상사 A에게 "①번 방식으로 하라."는 지시를 받아 그 지시대로 작업하고 있었더니 현장을 둘러보던 상사 B가 "뭐 하는 짓이야! ②번 방식으로 해야지."라고 대뜸 호통을 쳤다.

나는 처음 지시를 내린 상사 A에게 가서 "업무 처리 방식을 ①에서 ②로 변경해도 될까요?"라고 물어보았다.

그러자 "안 돼."라는 대답이 돌아와 상사 B에게 들키지 않도록 살금살금 눈치를 보며 ①번 방식으로 진행했다.

그런데 내 대처가 어설펐는지 몰래 숨어서 일하다 현장에서 적발. 상사 B에게 들통이 나서 "왜 시키는 대로 안 하냐!"라고 하며 혼쭐이 났다.

"상사 A께서 이 방식으로 하라고 지시하셨습니다."라고 자초지종을 설명했더니 오히려 역효과. 불난 집에 부채질하고 말았다. 나는 "변명하지 마!"라는 호통과 함께 한바탕 설교를 들어야 했다.

나보고 어쩌란 말인가. 서로 다른 상사가 다른 지시를 내리면 어느 쪽이 옳은지 알 길이 없다.

그 이후로 나는 직속 상사의 지시를 우선하기로 했다. 내가 그 상사를 가장 신뢰하기도 했거니와 나름대로 합당한 이유가 있었다.

내가 실수를 저지르면 직속 상사는 연대 책임을 지고 함께 꾸지람을 들었다. 그런데 다른 상사는 감시자 역할만 하며 내가 실수했을 때 그 실수에 대해 책임은 지지 않고 시치미를 뚝 뗀 얄미운 얼굴로 상관없는 척했다. 모르쇠로 일관하는 상사에게 충성을 바칠 의무는 없다.

갓 입사한 신입은 올바른 지시를 내리는 상사를 판별하기 어렵다. 그러나 일하다 보면 누구의 지시에 따르는 게 나에게 가장 이로울지 어렴풋하게나마 감을 잡을 수 있게 되니 너무 걱정할 필요 없다.

업무를 모르는 신입 시절에는 여러 사람에게 이런저런 지시를 받아 헷갈릴 수 있는데, 처음에는 일단 직속 상사의 지시를 귀담아듣자.

POINT

올바른 지시를 내려 주는 사람이 누구인지 판별하라.

6 몇 번이나 같은 말을 듣는다

자기가 한 말을 잊어버리는 걸까? 혹시 기억력에 문제라도 있는 걸까? 듣는 사람이 외울 정도로 했던 이야기를 하고 또 하는 사람이 있다. 일에 관계된 이야기라면 그나마 양반이다. 몇 번이나 반복할 정도면 엄청나게 중요한 이야기일 테니 말이다.

그런데 일에 관련된 이야기가 아니라는 걸 알고 상대방의 말을 자르면 상대방의 마음에 상처를 줄 수 있다.

그렇다고 상대방에게 상처를 주지 않으려고 매번 처음 듣는 사람처럼 고개를 끄덕이고 맞장구를 치며 들어야 할까. 내 정신 건강은 어쩌란 말인가.

듣는 시늉을 하면 말하는 사람은 신이 나서 이야기에 열을 올리는데 듣는 사람은 영혼 없는 리액션을 반복하느라 몸과 마음이 녹초가 된다. 그래서 나는 대답이 궁해졌을 때 "그랬었죠!"라고 대답하기로 했다.

단순하지만 무척 편리하다. 상대방에게 불쾌감을 주지 않으면서 은근히 '전에도 그 이야기 들었어요!'라는 분위기를 내비칠 수 있다. 영혼 없는 리액션을 하느라 쓸데없이 기운 쓰지 말고 "맞아요, 그랬었죠!" 정도로 적당히 받아치면 듣는 사람도 말하는 사람도 기분 상하지 않고 어색한 상황을 두루뭉술하게 넘길 수 있다.

POINT

"그랬었죠!"라는 마법의 주문을 활용해 보자.

7 입사 동기와 어울리지 못할 수 있다는 걱정

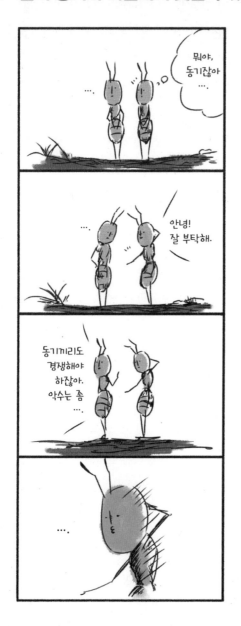

동기는 동료이자 경쟁자다.

내가 회사에 입사했을 무렵 우리 회사에는 동기 사이에 서로를 경쟁자로 의식하는 분위기가 있었다.

그중에서도 동기 한 명은 나를 유난히 경쟁 상대로 보았다.

내 취미는 '그림, 곤충, 만화'인데 그 동기는 '술, 자동차, 운동'이 취미였다. 말하자면 상극.

공통점이 없다 보니 변변한 대화도 나누지 않고 서먹하게 사회 초년생으로 사회인 생활을 시작했다.

그런데 막상 일을 시작하자 하루하루 업무를 처리하느라 눈코 뜰 새 없이 바빠 동기와 티격태격 다투거나 부딪칠 짬이 전혀 나지 않았다.

물과 기름처럼 겉도는 사이라도 둘이 섞일 수밖에 없는 가혹한 환경이라면 섞일 수밖에 없다.

딴청을 피우다 흘려들은 상사의 지시를 서로 보완해 주고 모르는 부분은 서로 물으며 힘을 합쳐 일하게 되었다.

그래서 동기는 경쟁자이기도 하지만 위기의 순간에 버팀목이 되어 주는 조력자가 될 수도 있다. 환경이 관계를 만든다. 상황이 달라지면 경쟁자에서 상부상조하는 동료로 변할 수 있는 관계가 입사 동기라는 사실, 잊지 말자.

POINT

가혹한 환경에서는 자연스럽게 경쟁자에서 동료로 변할 수 있다.

8 불합리하게 꾸중을 듣는다

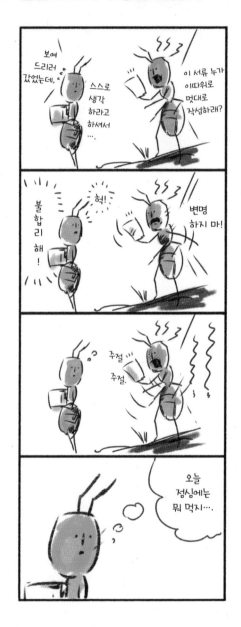

안타깝게도 사회에는 불합리한 일이 차고 넘친다. 조금까지 OK 사인을 주더니 아닌 밤중에 홍두깨처럼 갑자기 NG라며 생난리를 친다. 자기가 저지른 실수를 내 실수처럼 덮어씌우는 사람에게 뒤통수를 맞을 때도 있다. 또 생전 처음 만나는 사람에게 이쪽이 얼마나 이를 악물고 노력하며 살았는지 하나도 모르면서 인생 대충 살지 말라는 일장 연설을 듣는 수모를 당하는 등 세상에는 불합리하고 억울한 일투성이다.

"너무 불합리해요. 이건 말도 안 되잖아요!"

목소리를 높여 항의하는 방법도 있지만, 상대방은 애초에 말귀가 통하지 않는 사람이다.

이쪽의 이야기에 귀를 기울이는 시늉이라도 할 가능성은 매우 낮다. 최악의 경우에는 "어디서 배워 먹은 못된 버릇이냐?"라며 적반하장으로 버럭 화를 내고 고래고래 소리를 지르며 나를 불경스럽게 말대꾸하는 대역 죄인으로 몰아세워 억울하게 곤욕을 치르게 할 수도 있다.

만약 불합리한 대우를 당했다면 먼저 크게 숨을 들이마시고 내쉬며 심호흡을 해 보자. 발끈해서 감정을 다스리지 못하고 분통을 터뜨리면 나만 손해다.

눈앞에 막말을 퍼부은 장본인이 있다면 심호흡을 한숨이라고 트집 잡을 수 있으니 티 나지 않게 머릿속으로 심호흡하는 '상상 심호흡'을 익혀 두자.

그러고는 조용히 듣는 척하며 머릿속으로 즐거운 주말 일정이나 오늘 저녁 메뉴 등 다른 일을 생각하며 막말 폭격이 끝나기를 기다리자.

진심으로 귀를 기울이지 않고 듣는 시늉만 해도 상관없다. 상대방이 쏟아 내는 막말을 듣다 보면 욱하는 기운이 속에서 치밀어 오르겠지만, 정신 건강을 위해서 한 귀로 듣고 한 귀로 흘려버리자.

'이 사람은 불합리한 처사를 일삼는 막돼먹은 사람이다!'라는 정보를 얻기만 해도 큰 수확이라고 긍정적으로 생각하고, 다음에는 어설프게 다가갔다가 사달이 나지 않도록 안전거리를 유지하자. 사회적 거리 두기라는 생활의 지혜를 직장에서도 실천하는 셈이다.

불합리한 사람과 지내는 고단한 시간을 조금이라도 줄여야 몸과 마음의 건강을 유지할 수 있다.

또 업무 등으로 앞으로 엮일 일이 없어지면 잽싸게 그 사람을 머릿속에서 몰아내자.

때로는 동료나 친구에게 불평불만이나 험담을 쏟아 내고 싶을 때가 있다. 마음을 가라앉히기 위해 수위를 조절해 적당히 씹어 주자.

다만 자세하게 이야기하려고 하면 또 그 순간 맛본 불쾌한 기억이 되살아 날 수 있으니 주의하자. 또 불평불만을 들어주는 다정한 사람에게 부정적인 감정을 공감해 달라고 강요하지 말고 선을 넘지 않도록 조심해야 한다.

　자칫하면 악순환의 고리가 만들어질 수 있다.
　부정적인 기운은 부정적인 일을 부른다. 그러니 몰상식한 사람과는 거리를 두자.
　그래도 갑질이나 막말을 멈추지 않는다면 한시라도 빨리 기억에서 지우고 즐거운 일을 생각하자.
　기분 전환을 빨리하는 만큼 괴로운 시간보다 즐거운 시간이 늘어날 테니 말이다.

POINT

불합리한 대우를 당했다면 어른스러운 대응으로 넘기자.

9 갑질이라는 말을 들을까 봐 부탁할 수 없다

회사 후배를 대하는 방법은 참으로 어렵다. 자칫하면 갑질이 되기 때문이다.

"이거 복사 좀 해다 줄래?"

극단적인 상황에서는 간단한 부탁이 부탁 방법과 표정에 따라 엄청난 압력을 연출해 상대방을 불쾌하게 할 수 있다. 갑질로 오해받을까 불안한 사람은 자신이 신입 사원이었던 시절에 존경하던 선배와 그렇지 못한 선배를 떠올려 보자.

존경하던 선배는 무엇인가 업무를 부탁할 때는 눈을 보고 시선을 맞추며 말을 걸어 주었다. 또 작업을 마치면 꼬박꼬박 고맙다는 인사도 잊지 않았다.

그런 선배에게 꾸중을 들었을 때는 내가 부족해서 여러 사람을 고생시켰다는 생각에 반성했다. 반면 불편한 선배는 마냥 무섭기만 했다. 그 선배 앞에 서면 잘못한 일도 없는데 주눅이 들어 죄인처럼 벌벌 떨었다. 간단한 업무 지시가 때로 나를 괴롭히려는 갑질로 느껴졌다.

때로는 따끔하게 꾸지람을 해야 하는 상황도 있지만, 평소 관계가 원만하다면 후배는 이를 갑질로 느끼지 않고 나 또한 이 상황을 이용해 확실하게 의도를 전달할 수 있다는 사실, 잊지 말자.

\ POINT /

평소에 어떤 관계였는지가 중요하다.

10 실수를 인정하지 않고 변명만 늘어놓는다

내 동료 중에 실수를 인정하지 않고 구질구질하게 변명을 늘어놓는 못된 버릇이 있는 친구가 있었다.

상사에게 꾸지람을 들으면 한마디도 지지 않고 또박또박 말대답해서 저러다 불벼락이 떨어지겠다며 보는 사람까지 가슴 졸이게 만들곤 했다.

변명하고 싶은 마음은 잘 안다. 그러나 변명은 일시적인 책임 회피일 뿐 자신의 이미지를 심각하게 훼손할 우려가 있다. 꾹 참고 사과하면 그나마 신용은 지킬 수 있다.

평소에 주절주절 변명을 늘어놓으면 따가운 시선이 쏟아진다. 그러다 어느 날 정말로 다른 사람의 실수인데 아무도 믿어주지 않아 늑대가 왔다고 외치던 거짓말쟁이 양치기 소년처럼 억울한 일을 당할 수도 있다.

물론 상사도 귀가 있어 다 들어서 알고 있다. 변명을 일삼던 그 동료는 인사이동으로 우리 회사에서 제일 무서운 호랑이 상사 아래에서 일하게 되었다.

그리고 며칠 지나자 변명을 하는 버릇이 눈에 띄게 줄어들었다. 늘 하던 대로 이런저런 핑계를 대다가 따끔하게 혼이 났을까? 내 일도 아닌데 상상만 해도 간담이 서늘해졌다.

\ POINT /

변명해 봤자 득 될 일은 하나도 없다.

11 쾌적한 환경이 좋은 환경이라는 법은 없다

회사에서는 여러 사람이 같은 사무실에서 일한다. 모든 사람에게 쾌적한 환경을 만드는 건 쉽지 않은 일이다.

특히 여름철 냉방이 문제다. 한쪽은 뙤약볕이 이글거리며 아지랑이가 피어오르는 아프리카 사바나 기후인데, 다른 한쪽은 찬 바람이 쌩쌩 휘몰아치는 남극 기후를 견디며 일해야 한다.

사바나와 남극 사이 아주 작은 자리가 오아시스처럼 쾌적한 명당이다. 그 오아시스 자리에 앉는 사람은 운이 억세게 좋은 일부. 대개 리모컨을 쥐고 온도를 올렸다 내렸다 눈치 싸움을 벌이느라 신경이 잔뜩 곤두선다.

"춥다니까! 얼어 죽겠다!"

상대가 동기라면 시원하게 소리라도 지르겠지만, 상사라면 입이 떨어지지 않는다. 한여름의 크리스마스가 따로 없다.

"혹시 지금 추워?"

만약 주위 동료가 겨울 왕국에 가 버린 기색을 보인다면 먼저 말을 걸어 보자.

그러고는 두루두루 쾌적한 온도를 찾도록 노력하자.

아주 작은 배려가 시베리아 벌판을 따스한 햇볕이 내리쬐는 평화로운 오아시스로 바꾸어 놓을 수 있다. 회사 전체가 '배려의 오아시스'가 될 수 있도록 나부터 먼저 작은 배려를 실천해 보자.

POINT

> 배려로 직장을 '배려의 오아시스'로 탈바꿈시켜 보자.

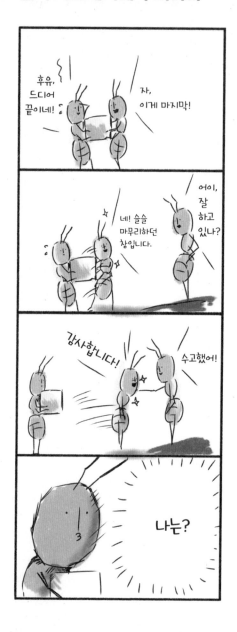

팀을 이루어 어떤 일을 할 때는 개개인의 능력이 중요하다. 그러나 그 이상으로 서로 협력할 수 있는 관계성이 중요하다.

그런데 의도적으로 팀원들에게 폐를 끼치는 인성이 고약한 사람이 가끔 있다. 팀원들이 힘을 합쳐 얻어 낸 성과를 독차지하는 도둑 심보를 가진 사람도 있다. 지금까지 다 같이 고생했으면서도 자기 혼자서 세상 고생은 다 한 듯 생색을 내며 슬그머니 실적을 가로채고 시치미를 뚝 뗀다. 그러나 안타깝게도 사회에서는 남의 실적을 가로채고 입을 싹 닦는 뻔뻔함이 능력이 될 때가 있다.

일단은 꾹 참자. 주어진 업무를 완수한 시점에서 여러분의 실력은 입증되었으니 말이다.

남의 실적을 가로채는 파렴치한 짓을 하지 않아도 주위 사람들은 다 보고 있다. 그래서 성실하게 일하는 사람이 누구인지 다 알고 있다. 평소 하던 대로 하는 게 최선이다. 실적 도둑에게 빼앗긴 공은 업무 과정에서 익힌 기술로 언제든지 만회할 수 있다. 바쁘면 주위 배려에 소홀해질 수 있다. 내가 실적 도둑이 되지 않도록 틈틈이 자신을 돌아보며 일하자.

＼ POINT ／

평소 하던 대로 하는 게 최선.

제 **2** 장

이게 정말
제 일인가요?

'일' 이러쿵저러쿵

1 "괜찮아요."라고 대답할 수밖에 없다고?

입사하고 나서 한동안 친절한 선배들이 일할 때마다 괜찮냐고 물어보며 챙겨 주었다.

그럴 때마다 무턱대고 씩씩하게 괜찮다는 대답밖에 할 수 없었다.

지금도 별반 달라지지 않았다.

업무가 돌아가는 방식을 하나도 이해하지 못해 놓고 이해한 척하고, 선배의 지시를 듣지 못했는데 알아들었다고 대답한다. 모르는 용어를 아는 척하며 대답하고, 긴장해서 머릿속이 새하얘져서 아무것도 들리지 않는데 열심히 고개를 주억거리며 넙죽넙죽 대답은 참 잘도 한다.

척척 이해하지 못하면 무능하다는 꼬리표를 달게 될지 모른다는 불안이 전혀 괜찮지 않은 상황에서도 괜찮다는 대답을 하게 만든다.

무슨 일에든 괜찮다고 대답하다 어느 날 사고를 칠 뻔했다.

화물을 나르는 작업을 부탁받았을 때 제시간에 할 수 있겠냐는 선배의 질문에 "할 수 있습니다!"라고 큰소리를 쳤다.

그러나 작업은 지지부진. 살짝 버거울 것 같다고 선배에게 고백할 걸 그랬다고 후회하며 시간 안에 도저히 끝낼 기미가 보이지 않는 작업을 누구에게도 보고하지 못하고 혼자 꾸역꾸역 처리했다.

다행히 내가 일하는 모습을 보러 온 선배가 이대로는 시간 안에 끝내지 못한다고 판단해 도와줄 사람을 보내 준 덕분에 가까스로 작업을 마칠 수 있었다.

그 순간 비로소 아무 생각 없이 괜찮다고 대답했을 때 치러야 할 대가가 얼마나 큰지를 깨달았다.

그렇다고 바로 힘들다고 대답하기도 뭣하다. 도전해 보지도 않고 남에게 기대기만 해서는 성장할 수 없다.

또 무슨 일이든 힘들다고 징징대면 의욕 없는 한심한 사원으로 찍힐 위험도 감수해야 한다.

일단 "할 수 있습니다!"라고 대답하고 나서 안 될 것 같으면 바로 의논하는 식으로 처리하면 어떨까.

"할 수 있습니다!"라고 대답했다고 해서 끝까지 혼자서 해야 한다는 법은 없다.

도중에 도와 달라는 말은 할 수 있다.

일단 도전! 힘들 것 같으면 바로 보고하고 반성하는 식으로 성장할 수 있다면 나쁘지 않은 해결법이 아닐까.

직장에 모든 것을 바쳐 최선을 다하자는 의미는 아니다. 하지만 신입 때는 싫든 좋든 본인의 직업에 진심을 다해야 한다. 일단 열과 성을 다해서 도전해 보자. 그 정성과 온기는 선배들과 조직원들에게 전달되고 나를 통해 긍정적인 방향으로 조직이

변화할 수도 있다. 선배들도 눈과 귀가 있기 때문에 내 노력을
언젠가는 인정해 줄 것이다.

일단 혼자 노력해 보고 안 될 것 같으면 바로 보고한다.

2 젊은 사람은 모두 기기를 잘 다룬다?

회사에는 컴퓨터나 복사기가 고장 나면 일단 젊은 사람을 부른다는 희한한 직장 문화가 있다.

학창 시절부터 컴퓨터와 인터넷을 끼고 살았던 디지털 미디어 세대이기에 '사무기기를 다루는 정도는 식은 죽 먹기'라는 이상한 믿음이 널리 퍼진 모양이다.

그러나 젊은 세대라고 해서 죄다 기계를 잘 다룬다는 보장은 없다.

예를 들어 복사기는 어떨까. 애초에 집에 덩치 큰 사무용 복사기가 있는 사람이 몇 명이나 될까?

즉 복사기에 관한 지식에는 세대 차이가 없는 셈이다.

그나마 우리 세대가 확실히 강한 분야도 있다. 바로 인터넷과 SNS다. 키보드를 몇 번 뚝딱거리고 마우스를 잠깐 딸깍거리면 인터넷으로 검색해서 어지간한 일은 찾아낼 수 있다.

인터넷 검색 엔진을 몇 개나 돌리고 SNS까지 샅샅이 뒤졌는데도 원하는 답을 찾지 못했을 때는 동기에게 부탁하자. 그래도 안 되면 솔직하게 못 하겠다고 말하는 게 낫다.

부탁받으면 무리하지 않는 범위에서 노력하면 충분하다.

\ POINT /

속 끓이지 말고 내 힘으로 할 수 있는 범위에서 노력하자.

3 언제 봐도 휴게실에서 빈둥거리는 사람이 있다

언제나 휴게실에서 볼 수 있는 휴게실의 죽순이, 죽돌이 같은 사람이 어느 회사에나 있다.

'나는 쉴 틈도 없이 열심히 일하는데… 저 월급 도둑!'

성실하게 일하는 사람은 휴게실에서 빈둥거리는 얌체 같은 사람을 보면 얄미워서 짜증이 날 수도 있다. 짜증이 치밀어 올라도 일단 참자. 참는 자에게 복이 있나니.

내 동기 중 입사 1년 차부터 휴게실 죽돌이였던 친구가 있다. 신입 사원은 손에 익지 않은 업무를 허둥대며 처리하느라 분주한데 언제나 그 친구만 코빼기도 보이지 않았다.

어느 날 부장님이 몸소 신입 사원을 시찰하러 왔다.

"신입 사원은 이게 단가? 한 사람은 어디 갔나?"

"휴게실에 있습니다."

동기 하나가 어쩔 수 없이 부장님의 질문에 대답했다. 동기의 이실직고에 부장님은 당연히 노발대발하더니 곧장 휴게실로 직행했다.

들키지 않고 꾀를 부리며 슬렁슬렁 편하게 일할 수 있으면 좋겠지만 운 나쁘게 들통이 나면 신뢰를 잃어버릴 수 있다. 휴게실 죽돌이 친구는 부장님 선에서 간단히 정리되었다. 잔꾀는 좋지 않다. 당연한 이야기지만 타산지석이라는 말처럼 타인의 실수를 거울삼아 내 행동거지를 바로잡으라는 교훈을 얻었다.

╲ POINT ╱

휴게실 죽돌이·죽순이는 신경 쓰지 말고 내 일에나 집중하자.

4 점심 식사 뒤 덮치는 수마를 이길 재간이 없다

업무 시간에 꾸벅꾸벅 졸다 걸리면 불호령을 각오해야 한다.

특히 점심을 먹고 난 오후가 위험하다. 배가 부르면 졸음이 살살 쏟아진다. 수마가 덮친다기보다 기절에 가깝다.

점심을 먹고 한숨 자는 습관이 없었던 시절의 이야기다. 그날은 점심시간이 끝날 때까지 20분 정도 남았기에 벤치에 앉아 잠깐 눈을 붙였다.

문득 정신을 차려 보니 맙소사! 자리에 돌아가야 할 시간에서 20분이나 지나 있었다.

헐레벌떡 사무실로 돌아왔다. 새파랗게 질린 얼굴로 거품을 물고 졸도하기 직전의 모습으로 눈썹이 휘날리도록 사무실로 달려갔다. 아직 잠이 덜 깬 몽롱한 얼굴로 상사에게 꾸벅꾸벅 고개를 숙이며 사죄했는데 운 좋게 상사를 비롯해 사무실에서 누구 하나 내가 없다는 사실을 눈치채지 못했던 모양이다.

심하게 문책을 받지 않고 넘어가서 다행이었지만, 살짝 서운한 감정을 느낀 오후였다.

그날의 실수로 나는 휴식 시간에는 알람을 맞춰 두는 습관이 생겼다. 알람이 울릴 때까지 쉰다고 정해 두면 휴식에 온전히 집중할 수 있어 효율적으로 일과 휴식의 균형을 맞출 수 있으니 여러분도 한번 시험해 보자.

\ POINT /

낮잠 잘 때는 곯아떨어지지 않도록 정신 바짝 차리자.

5 직장에는 암묵적인 규칙이 존재한다

연수를 받고 회사 일을 어느 정도 배웠다고 해서 안심해서는 안 된다. 발령받은 부서에 따라 암묵적인 규칙이 존재하는 경우가 많기 때문이다.

가령 출근 시간이 9시라고 정해져 있어도 우리 부서 신입은 무조건 8시까지 출근해야 한다거나, 회식 다음 날은 반드시 상사에게 가서 어제 덕분에 잘 먹고 잘 마셨다고 감사 인사를 해야 한다거나 하는 식의 황당한 규칙이 있을 수 있다.

미리 누가 가르쳐 주기라도 했으면 다행인데 대개 그 규칙을 깨는 순간 혼이 나며 비로소 그 규칙의 존재를 깨닫게 마련이다.

몰랐다고 너무 속상해하지 말자.

'괜찮아, 다음부터는 주의하자.'

눈치 없이 사고 쳤다고 자책하지 말고 암묵적인 규칙을 받아들이고 다음에는 그 규칙에 따르면 그만이다.

신입 사원 시절에는 모르는 일투성이다. 암묵적인 규칙 따위 모르는 게 당연하다.

\ POINT /

암묵적인 규칙을 익힐 때까지는 신중하게 행동하자.

휴식 시간은 고달픈 회사 생활에서 유일한 낙이 되어 주는 소중한 시간이다.

휴대전화에 코를 박고 느긋하게 점심을 먹어도 좋고, 점심을 잽싸게 해치우고 바깥바람을 쐬며 산책을 즐겨도 좋다. 어쨌든 주어진 휴식 시간은 자유롭게 쓸 수 있다.

그러나 그 즐거운 시간을 위협하는 누군가의 급한 부탁.

물건을 사 오는 정도의 간단한 심부름부터, 휴식 시간을 통째로 날려 버릴 수 있는 일까지 참으로 다양하다.

나는 휴식 시간에 거래처에 인사하러 가서 자료를 받아 오라는 지시를 받은 적이 있다.

거래처까지는 지하철과 도보로 약 20분, 왕복 40분이 걸리는 거리였다. 거래처에 가서 안부를 전하고 이런저런 인사치레를 건네다 보니 예정 시간을 가뿐히 한 시간이나 초과, 휴식 시간이 깡그리 사라졌다.

시킨 업무를 처리하고 나면 상사가 따로 휴식 시간을 챙겨 줄 거라고 순진하게 믿었다.

점심도 거르고 시키는 대로 업무를 처리하고 와서 "다녀왔습니다!"라고 보고하자 상사는 무표정한 얼굴로 "어, 왔어?"라는 한마디가 다였다.

"밥은 먹었어? 못 먹었으면 지금이라도 다녀와."

살가운 말로 배려해 줄 거라고 예상했는데 현실은 무뚝뚝한

한마디뿐.

감히 혼자 점심을 먹으러 나갈 배짱은 없었다.

"점심시간에 업무를 처리하느라 밥 먹을 시간이 없어서요. 지금 다녀오겠습니다."

상사에게 나갔다 오겠다고 말하는데도 용기가 필요했다.

차마 점심을 먹으러 다녀오겠다는 말은 하지 못하고 쭈뼛쭈뼛 눈치를 보다 오후 업무로 복귀, 책상 서랍에 숨겨 두었던 젤리로 허기를 달랬다.

속은 헛헛하고 소중한 점심시간을 빼앗겨 억울했다. 집중력이 흐트러져 평소에 그 절반의 시간이면 끝낼 일을 두 배의 시간을 들였는데도 끝내지 못해 결국 그날은 야근까지 했다.

만약 그날 용기 내서 상사에게 휴식 시간을 요구했더라면 효율적으로 오후 업무에 집중할 수 있었을 터이다. 아마 야근도 하지 않고 정시에 퇴근할 수 있었겠지.

정당한 휴식을 요구하는 게 나쁜 아니라 회사에도 이득이다. 불필요한 야근 수당을 지출하지 않고 끝냈을 테니 말이다.

스스로 어떻게 하면 내가 효율적으로 일할 수 있을지를 생각해서 행동하자. 그렇다고 회사에 허락도 받지 않고 독자적인 방식으로 일하는 막 나가는 직원은 되지 말자.

때로는 나만의 방식이 가장 효율적일 때도 있겠지만, 그렇더라도 일단 회사의 허가를 받은 다음에 행동하자.

유비무환! 쉬고 싶어도 쉬지 못할 때를 대비해 나처럼 책상 서랍 속에 비상용 간식거리를 챙겨 두는 준비성을 발휘하는 건 어떨까.

만일의 사태에 대비해 비상식량을 준비해 두자.

7 아침잠과 싸우면 백전백패다

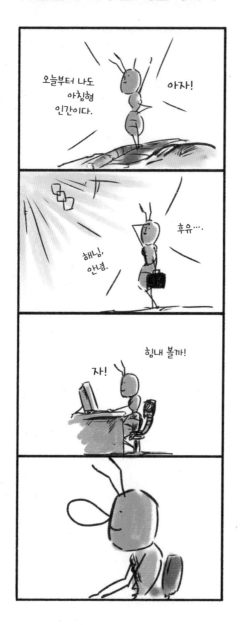

아침 일찍 일어나서 중요한 일을 처리하는 게 효율적이라는 흔히 말하는 '아침형 인간' 신화를 텔레비전이나 책에서 자주 듣고 보게 된다.

나도 해마다 두세 번쯤 생활 습관을 바꿔 보자는 생각이 드는 날이 있다. 그런 날에는 무슨 바람이 불었는지 새벽 5시에 벌떡 일어나 일을 시작하는데, 언제나 작심삼일 길어야 나흘이면 야행성 인간으로 돌아간다. 아침 일찍 일어나 성실하게 생활하고 싶은 나와 아침잠을 즐기고 싶은 내가 싸운 결과 후자가 승리.

자신과 벌인 싸움에 진 탓에 아침에 해야 할 일을 밤늦게까지 붙들고 있다가 전형적인 야행성 인간이 완성된다. 안타까운 결과이나 모두 내 책임이다.

최근에는 새벽 5시처럼 이른 시간 기상은 포기하고 내가 살짝 노력하면 할 수 있는 시간에 일어나자고 현실과 적당히 타협했다.

아침에 일어날 때는 '으쌰!'처럼 큰 소리를 내서 억지로라도 기운을 끌어올려 다시 잠들 가능성을 줄이는 생활의 지혜를 발휘하자.

요즘에는 일어나서 5분가량 스마트폰을 가지고 논다. 스마트폰 빛으로 잠을 깨우고 게임에 몰입하면 다시 잠드는 불상사를 방지할 수 있다.

POINT

일찍 일어나 일하려면 마음가짐이 중요하다.

8 책상이 지저분해서 중요한 서류를 찾을 수 없다

정리 정돈을 게을리하면 중요한 물건을 정작 필요한 순간에 찾지 못할 수 있다. 머리로는 잘 알고 있다. 그러나 지금, 내 책상 위는 절대로 공개할 수 없을 정도로 엉망진창.

간단히 설명하면, 만들다 만 장수풍뎅이와 사슴벌레 표본이 네 개나 있고 반려동물 삼아 기르는 새우가 어항에서 헤엄치고 있는 심란한 환경이다. 그 밖에도 그림 그릴 때 쓰는 화구가 한 무더기. 또 바닥에는 발 디딜 틈도 없을 정도로 만화 스토리보드가 떨어져 있고, 종이 뭉치를 뒤적거리면 언제 받았는지 떠오르지 않는 정체불명의 서류가 발견된다. 책상이 정리되어 있지 않으면 중요한 서류가 행방불명될 수 있다.

아수라장이나 다름없는 책상에서 일하는 내가 이런 말을 해서 민망하지만, 어쨌든 틈틈이 정리하자.

나도 글을 쓰고 나면 곧바로 정리하려고 노력한다. 정리의 비결을 묻는다면 거꾸로 내가 묻고 싶다. 그래도 이야기를 꺼냈으니 한 가지 비결을 공개한다면 한 군데라도 깨끗한 공간, 즉 나만의 성소를 만들어 두려고 노력하는 게 나만의 정리 철학이다. 나는 곤충 피규어를 애지중지하는데 주변이 지저분하면 피규어도 허름한 잡동사니처럼 값어치가 떨어져 보인다. 그래서 일단 피규어 주위라도 깨끗이 치워 놓고 서서히 깔끔한 공간을 늘려 가다 보면 방 전체를 정리할 수 있다.

\ POINT /

먼저 좁은 범위부터 깨끗하게 치워 보자.

9 나도 유급 휴가를 쓰고 싶다고

"유급 휴가 쓰겠습니다!"

그 한마디가 나오지 않고 입안을 맴돌기만 한다. 유급 휴가를 신청할 때는 식은땀을 한 바가지씩 흘리며 긴장한다.

상사 앞에서는 '업무를 빨리 익히고 싶습니다. 무슨 일이든 시켜만 주십시오!'라며 일하겠다는 의지를 온몸으로 호소하다 보니 "유급 휴가를 쓰겠습니다."라는 말이 도저히 나오지 않는다. 그 말을 해 버리면 지금까지 공들여 쌓아 온 내 성실한 캐릭터 설정이 와르르 붕괴할지 모른다는 두려움에 사로잡히기 때문이다.

유급 휴가를 쓰지 못하게 만드는 원흉은 상사가 아니라 바로 나 자신이다.

용기를 짜내 신청하면 상사는 어지간해서는 타박하지 않는다.

우는 아이 떡 하나 더 준다는 말처럼 확실하게 요구 사항을 말하는 사람이 사회생활에서 승자가 될 수 있다. 나처럼 쭈뼛쭈뼛 눈치를 보며 무수리처럼 행동하지 말자. 애초에 유급 휴가는 정당한 권리다. 나쁜 짓을 하는 게 아니다.

눈에 힘을 '팍' 주고 당당하게 말하면 상사도 흔쾌히 수락한다. 설령 퇴짜를 맞아도 손해 볼 게 없다. 속으로 '제기랄!'이라고 외치며 한풀이를 하고 훌쩍 내 자리로 돌아가 업무에 복귀하면 그만이니까.

POINT

거부할 틈을 주지 말고 꺼내기 어려운 말일수록 확실하게 말하자.

10 동료의 키보드 소리가 귀에 거슬린다

나는 키보드 중에서 엔터키를 거칠게 다루는 버릇이 있다. '이걸로 끝!'이라는 감정이 고조되며 엔터키를 '탁' 소리 나게 두드리는 순간 짜릿한 쾌감을 느낀다. 손끝에 힘을 빼주는 본인은 의식하지 못하는 행동이다.

그런데 옆자리에 앉은 동료는 몇 분에 한 번씩 '탕탕' 울리는 소리에 흠칫 놀라며 소음 공해에 시달려야 한다. 따끔하게 지적하고 싶어도 매일 얼굴을 마주치는 옆자리 동료, 괜히 어설프게 지적했다가 사이가 나빠지면 '엔터키 소리가 거슬리는 지옥'보다 견디기 어려운 '어색 지옥'이 기다리고 있다.

조심성 없이 매일같이 '탕탕' 엔터키를 누르는 사람은 어느새 모두에게 '엔터키 빌런'이라는 별명으로 불릴 수도 있다. 즉 자기 기분 좋자고 엔터키를 우악스럽게 꾹꾹 눌러서 좋은 일은 하나도 없다는 말이다.

불쾌한 소음을 유발해 주위 사람들의 귀를 괴롭히고 사무실을 시끄럽게 만드는 소음 유발자로 미움받을 수 있기 때문이다. 회사는 여러 사람이 함께 일하는 공간이다. 내 집에 혼자 있을 때처럼 행동해서는 안 된다. 사소한 일이라도 서로 배려해야 일하기 좋은 환경을 만들어 나갈 수 있다.

\ POINT /

사소한 내 행동이 주위 사람에게 불쾌감을 줄 수 있다.

11 밥심으로 일하려다 매번 과식한다

나는 자취를 시작하고 나서 끼니를 혼자 챙겨 먹게 되었다.

학창 시절에는 아침은 건너뛰었는데, 직장인이 되고 나서는 밥을 먹지 않으면 이상하게 기운이 없어 밥심으로 일하자는 생각에 끼니를 거르지 않고 밥을 챙겨 먹고 다니게 되었다.

점심에는 오후에 열심히 일하려면 잔뜩 먹어야 한다는 생각에 부지런히 챙겨 먹고, 저녁에는 내일 열심히 일하려면 오늘 많이 먹어 둬야 한다는 생각에 야무지게 챙겨 먹었다.

그런데, 아뿔싸! 나이를 잊고 있었다.

학창 시절과 운동량이 달랐다. 사무직은 거의 앉아서 일한다.

나는 살이 찌고 나서야 사람은 적당히 먹어야 한다는 사실을 깨달았다. 또 밥심으로 일하겠다고 실컷 먹은 사람치고 밥값만큼 일을 많이 한 사람이 많지 않다는 깨달음도 덤으로 얻었다.

\ POINT /

많이 먹는다고 열심히 일할 수 있는 건 아니다.

12 해야 하는 일을 자꾸 미룬다

해야 할 일은 미루지 않고 재깍재깍 처리해야 한다는 건 초등학생 시절 진작에 깨달았다.

어린 시절부터 벌레라면 자다가도 벌떡 일어날 정도로 좋아하던 나는 여름방학이 오면 숙제는 내팽개치고 아침부터 밤까지 매일 산으로 들로 뛰어다니며 벌레 삼매경에 빠져 살았다. 숙제는 여름방학이 끝날 무렵, 개학이 일주일 코앞으로 닥쳤을 때 번갯불에 콩 구워 먹는 속도로 몰아서 처리했다.

늦은 밤까지 벌게진 눈으로 밀린 숙제와 씨름하며 내년에는 꼭 계획적으로 방학을 보내자고 다짐했건만, 세 살 버릇 여든까지 간다고 지금도 비슷한 핑계를 대며 해야 할 일을 슬금슬금 미루는 버릇을 고치지 못했다.

당장 답할 필요도 없는 친구의 SNS 메시지에는 빛의 속도로 답하면서, 업무 관계 이메일은 보고도 못 본 척하기 일쑤다.

큰마음 먹고 해야 하는 중요한 일은 무의식적으로 미루게 되는 경향이 있다. 그런데 그런 일일수록 완벽하게 해내야 직성이 풀리니 문제다.

완벽주의를 잠시 접어 두고 어중간한 상태라도 좋으니 일단 손을 대 보자. 시작이 반이다. 그렇게 하면 미루지 않고 마감에 아슬아슬하게 맞추느라 속을 바짝 태우는 일도 줄어들 테니 말이다.

╲ POINT ╱

완벽하지 않아도 상관없으니 일단 시작해 보자.

13 급하게 메모했더니 글자를 해독할 수 없다

입사 직후에는 배워야 할 일이 산더미다. 갑작스럽게 잡무 처리를 부탁받거나 배워야 할 업무도 엄청나게 많다.

그런 순간에는 수첩이 든든한 버팀목이 되어 준다.

나는 언제나 작은 수첩과 필기구를 가지고 다니며 한번 배운 일은 최대한 질문하지 않도록 노력했다.

그런데 이런 습관이 문제가 될 줄이야. 상사가 말하는 속도가 너무 빨랐다.

속사포처럼 쏘아 대는 말투에 학창 시절 익힌 필기 능력이 도저히 따라가지 못했다. 당연하다면 당연한 일이다. 학교 선생님은 학생이 공책에 받아 적는 모습을 보며 필기할 시간을 주기 때문이다.

그런데 사회인은 눈코 뜰 새 없이 바쁘다. 정신없이 돌아가는 회사에서 남을 배려하고 돌아볼 여유는 없다. 그러다 보니 자연히 말이 빨라지고 받아 적는 쪽에서도 손이 따라가지 못해 애를 먹는다.

그래서 나는 나름대로 대책을 세웠다. 일단 상황이 허락하면 부지런히 메모한다. 그리고 메모할 때는 고개를 숙이고 수첩을 보지 말고 말하는 사람의 얼굴을 보면서 머릿속의 수첩에도 기록을 남겨 이중 검수하는 방식을 채택했다.

결과는 어땠을까? 일단 수첩을 보지 않고 괴발개발 적은 메모는 암호 수준이라 도저히 해독할 수 없었고, 머릿속의 메모는 진지한 얼굴로 이야기에 집중하는 표정을 연출하는데 정신이 팔려 하나도 기억나지 않았다. 그래, 내가 졌다. 내 어설픈 도전은 그렇게 중단되었다.

이렇게 된 이상 안타깝지만 내가 갈 길은 하나뿐이다.

"죄송합니다. 한 번만 더 가르쳐 주실 수 없을까요?"

"내가 입이 아프게 말했잖아! 한번 말할 때 똑바로 들어야지. 귀는 장식이냐?"

혼이 날 각오를 하고 굽신거리며 부탁해야 한다.

나는 혼이 날 상황을 필요 이상으로 겁을 내, 해야 할 말을 하지 못해 실패했다. 애매한 자신의 기억을 믿고 일을 처리하려 했다.

어설픈 기억에 의지해 업무를 처리하려다 보니 죽도 밥도 안 돼 혼은 혼대로 나고, 주변 사람의 시간까지 쓸데없이 낭비하고 말았다.

그러니 손가락이 보이지 않도록 빠른 속도로 메모해도 안 될 때는 주위에 폐를 끼치지 않기 위해서라도 솔직하게 다시 말해 달라고 부탁하는 편이 낫다.

\ POINT /

혼이 날 상황을 겁내지 말고 애매할 때는 다시 한번 묻자.

제 **3** 장

정시에 출근해서
칼퇴근하는 직장인이
정말로 있기는 할까?

'늦은 밤 야근' 이러쿵저러쿵

1 퇴근하기 직전에 일을 왕창 떠안긴다

퇴근까지 앞으로 5분, 오늘 중으로 끝내야 할 업무 정리하고 '오늘은 모처럼 일찍 들어가서 푹 쉬어야지!'라고 생각하는 순간이 가장 위험하다.

"이거 부탁해도 될까? 오늘 중으로 해야 하는데."

야근을 알리는 한마디가 귓전으로 날아와 꽂히는 순간이기 때문이다. 칼퇴근이 날아간 순간의 슬픔이란….

그래도 일단 일을 맡았다면 마음을 가라앉히고 모든 것을 감싸 안는 듯한 인자한 미소를 띠고 대응하자.

살기가 새어 나가지 않도록, 무심코 마음의 소리가 들리지 않도록 최대한 해맑은 표정을 유지하자.

그리고 최대한 빨리 일을 끝내자. 야근은 짧으면 짧을수록 좋으니 말이다.

또 업무를 떠맡긴 사람을 원망하지 말자. 어쩌면 머지않아 그 사람에게 도움의 손길을 내밀 일이 생길 수도 있으니 말이다. 한 치 앞을 모르는 게 인생이다.

사람은 혼자 살아갈 수 없다. 그래, 서로 도우며 살아야지. 자, 뿌드득뿌드득 이 가는 소리가 들리지 않도록 마음을 가라앉혀 보자.

POINT

> 언젠가 저 사람이 나를 도와줄 거라고 믿으며 웃는 얼굴로 대응하자.

2 나 집에 갈래!

'세상에 이런 일이'에나 나올 법한 괴담 같은 실화다.

피하려고 아무리 용을 쓰고 발악해도 피할 수 없는 야근. 늦은 밤까지 사무실에 혼자 남아 훤히 불을 밝혀 놓고 처량하게 일하는 내 신세가 서글프다. 그런데 우연히 마지막까지 남은 야근 동기가 입사 동기일 때는 스트레스가 폭발할 때도 있다.

나는 언젠가 한번 동기가 울부짖는 모습을 본 적이 있다.

"괜찮아, 왜 그래?"

"스트레스 때문에 제 명에 못 갈 것 같아!"

동기는 걱정스러운 내 물음에 서럽게 절규했다.

낮에 폭주했다면 사무실 전체에 난리가 났겠지만, 다행히 늦은 밤이라 나 말고는 아무도 없어 무사히 넘어갈 수 있었다.

"후유, 울고 났더니 속이 좀 후련해졌어."

그 동기는 울며불며 한바탕 난리굿을 피우더니 평정심을 되찾았다.

늦은 밤까지 야근할 일이 없는 회사에서 일하는 게 가장 바람직하겠지만, 하루아침에 다니던 회사를 바꿀 수는 없는 노릇이다. 이러다 정신을 놓아 버리겠다는 생각이 들 정도로 감정이 복받치는 순간에는 주위에 아무도 없는지 꼼꼼히 확인하고 나서 내 동기처럼 시원하게 소리라도 질러 보자.

\ POINT /

주위에 아무도 없다면 악을 쓰고 소리를 질러서라도 버틸 수 있다.

3 피로와 수면 부족으로 작업 효율이 떨어진다

늦은 밤까지 야근을 밥 먹듯 하다 보면 작업 효율이 점점 떨어진다. 해결 방법은 간단하다. '잠'을 자야 한다.

아주 약간의 짬이라도 생기면 잠깐이라도 눈을 붙여서 토막잠으로 체력을 회복하자.

틈틈이 자 두려면 미리 안전하게 잘 수 있는 공간을 확보해 두는 게 관건이다. 자는 모습을 상사에게 들켰다가는 불벼락이 떨어질 게 빤하기 때문이다.

나는 예전에 회사 안의 자료 창고에 숨어서 도둑잠을 잤다. 자료 창고에는 몇 분 동안 인기척이 없으면 불이 꺼지는 동작 감지 센서가 설치되어 있었다.

어느 날 우연히 상사가 깜깜한 자료 창고에 자료를 찾으러 왔다가 어둠 속에서 불쑥 나타난 나를 보고 혼비백산한 사건이 발생했다. 그 이후로 나는 자료 창고 출입을 금지당했다.

어쨌든 틈틈이 잠을 보충해 두는 습관은 회사에서 생존하기 위해 중요한 기술이다. 새로운 잠자리 찾기 프로젝트가 시작되었다. 발각되지 않을 만한 장소를 찾아 야무지게 휴식을 취하는 슬기로운 직장 생활을 즐겨 보자.

\ POINT /

나만 아는 비밀 공간을 찾아서 야무지게 쉬어 두자.

4 꺼지기 직전의 촛불이 제일 환하다?

퇴근 시간을 넘기고 야근이 확정되는 순간부터 어깨가 축 처지고 입꼬리가 내려가며 시무룩해진다.

그런데 퇴근이 물 건너가고 막차를 탈 정도로 늦어지면 청개구리 심리가 발동하는지 '에라 모르겠다. 몇 시에 퇴근하든 상관없어!'라는 식으로 뜬금없이 기운이 솟구치는 순간이 온다. 여러분에게는 그런 경험이 없는가?

평소에는 선배와 동료들이 잔뜩 있어서 떠들썩한 사무실도 늦은 밤에는 정적이 감돌며 다른 세상으로 변한 듯한 기분이 든다.

상사의 시선에 벌벌 떨 필요가 없어 긴장의 끈이 풀렸는지 가끔 이상하게 기운이 솟구칠 때가 있다.

"야, 나 좀 봐! 들키면 모가지겠지!"

언젠가 같이 야근을 하던 동기가 상무님 자리에 앉아 배짱 좋게 장난을 쳤다.

그런데 CCTV의 존재를 가르쳐 주자 얼굴이 순식간에 새파랗게 질리더니 조금 전 하늘을 찌를 듯한 배짱은 어디로 사라졌는지 평소의 얌전한 모습으로 돌아왔다.

늦은 밤 야근은 때로 사람을 미치게 할 수도 있다는 사실을 깨닫게 해 준 사건이었다.

POINT

> 짜릿한 스릴을 즐기는 것도 좋지만, 언제 어디서 누가 보고 있을지 모른다는 사실을 명심하자.

5 잠깐 눈만 붙이려 했는데….

나는 기본적으로 만화나 일러스트 작업은 집에서 한다. 그래서 책상 바로 옆에 이불이 깔려 있다. 물론 이 원고를 쓰는 순간에도 도보 2분 거리에 이불이 있다.

"좋았어. 여기까지 끝냈으니 10분간 휴식!"

호탕하게 외치고 이불에 들어가는 순간 게임 끝. 까무룩 잠이 들었다가 눈을 뜨면 아침. 오히려 평소보다 더 많이 자 버릴 때도 있다.

최근에는 이 증상이 악화되어 "5분만 쉬자."라고 중얼거리면서 잠옷으로 갈아입고 양치질을 하며 잘 준비를 야무지게 마치고 이불에 쏙 들어갈 때도 있다.

머리로는 그러지 말아야 한다는 걸 잘 알고 있지만, 몸은 다르게 반응한다. 늘어지게 자고 아침에 일어나면 완성된 일러스트가 아닌 죄책감이 나를 기다리고 있다.

그러나 이 문제, 과연 나 혼자만의 문제일까? 인류 탄생 순간부터 존재했던 문제가 아닐까?

먼 옛날 사람들도 나처럼 무거운 눈꺼풀을 이기지 못하고 사냥 준비도 하지 않고 모닥불 가에서 옹송그리고 잠들었다가 들짐승의 습격을 받아 아침에 싸늘한 주검으로 발견되는 망상을 해 봤다.

\ POINT /

죄책감에 시달리는 불필요한 시간을 단축해 보자.

제 4 장

"지금은 업무 시간이 아닌데요." 라는 한 마디가 나오지 않는다

'업무 시간 외' 이러쿵저러쿵

1 내키지 않는 술자리를 거절할 수 없다

아침부터 일이 술술 풀려 '오늘은 칼퇴근 각이다!' 라고 룰루랄라 콧노래를 부르며 일찍 퇴근할 생각으로 잔뜩 들뜬 날에 꼭 선배나 상사가 술 마시러 가자는 말을 꺼내 기분을 망친다.

물론 나도 마시러 가고 싶은 기분이라면 술잔을 주거니 받거니 하며 술자리를 즐길 수 있다. 하지만 기분이 내키지 않는 날도 있게 마련이다. 그런 날은 억지로 얼굴을 비출 필요는 없다.

"오늘 약속이 있어서요."

"뭐야, 치사하게. 의리 없이 빠지려고?"

약속이 있다고 말했는데 술자리까지 먹살을 잡고 끌고 가려는 사람은 아마 드물지 않을까.

"갈 수 있으면 가겠습니다."

술 마시러 가자는 말을 꺼낸 사람에게 가장 난감한 발언이다. 가면 간다, 안 가면 안 간다고 확실하게 말하는 편이 낫다.

술자리를 제안하는 사람을 존중하면서 실례가 되지 않게 거절할 방법 어디 없을까?

POINT

때로는 바쁜 티를 내는 게 중요하다.

2 술 취한 사람의 자기 자랑을 들어 주기 힘들다

앞에서 억지로 술자리에 참석할 필요가 없다고 말했는데 사회인이 되면 도저히 피할 수 없는 술자리가 있게 마련이다.

술잔이 몇 바퀴 돌고 나면 꼭 누군가의 자랑 잔치가 시작된다. 나는 예전에 상사에게 꼼짝없이 붙들려 두 시간 동안 상사의 무용담을 들은 적이 있다. 정신이 몽롱해지며 이러다 앉은 채로 기절하겠다는 생각이 들었다.

후배에게 자랑을 떠벌리지 않도록 주의하자. 동기나 선배라면 "잘난 척 그만하라."고 따끔하게 한마디 쏴붙이겠지만 후배는 꾹 참고 들어 주다 보니 도를 넘어 자랑이 지나칠 때가 있다.

그래서 기계적인 감탄사와 맞장구가 난무하는 자랑 대잔치를 견뎌야 하는 끔찍한 술자리가 탄생한다.

술자리에서 친목을 다지면 좋겠지만, 동시에 술자리에서 점수가 깎일 수 있다는 사실도 염두에 두자. 모처럼 갖는 술자리는 누구에게나 흥겹고 즐거워야 하지 않을까.

POINT

취한 사람의 이야기는 한 귀로 듣고 한 귀로 흘려버려도 괜찮다.

3 이 나이에 내가 먹으리?

"젊은 사람이 먹어야지. 더 들게."

술자리나 회식 자리에서 상사의 배려는 기쁘기도 하고 괴롭기도 하다.

"감사합니다. 잘 먹겠습니다!"

씩씩하게 인사하고 복스럽게 먹는 씨름 선수 같은 스타일이 이상적인 신입 사원의 모습일 수도 있다. 그러나 현실은 다르다.

상사가 참석한 술자리는 아무래도 긴장된다. 그래서 허기가 거의 느껴지지 않는다. 긴장을 풀기 위해 술은 홀짝여도 요리에는 손이 가지 않아 깨작깨작 먹는 시늉을 하기도 벅차다. 음식이 목구멍을 넘어가지 않는다.

"사양하지 말고 마음껏 먹게."

"아, 네. 하하하."

상사가 음식을 권하면 웃음으로 얼버무리고 일단 자리를 뜨자.

그대로 비어 있는 다른 자리로 도망쳐도 좋고 만약 원래 자리로 돌아와야 하더라도 대개 상사는 먹으라고 했던 말 따위는 까맣게 잊었을 테니 꾸역꾸역 먹어야 한다고 걱정할 필요는 없다.

회사는 많이 먹는 모습을 보여 주며 시청자를 즐겁게 하는 '먹방'을 찍는 곳이 아니다. 그러니 무리해서 꾸역꾸역 먹을 필요는 없다.

\ POINT /

회사에서 인기 '먹방'을 찍는 유튜버처럼 무리해서 먹을 필요는 없다.

4 장기 자랑은 언제나 괴로워

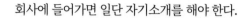회사에 들어가면 일단 자기소개를 해야 한다.

"제 이름은 주에키 다로고 취미는 곤충 채집과 축구입니다."

이런 식으로 무난하게 넘어갈 수 있으면 좋았으련만, 내가 처음으로 입사한 회사의 신입 사원 환영회에서는 자기소개가 아니라 장기 자랑이라는 이름으로 사실상 재롱 잔치를 선보여야 했다.

뭔가 보는 사람을 빵 터지게 할 만한 재주는 없을까, 인생을 되돌아봐도 무엇 하나 떠오르지 않았다.

그 자리에서 뚝딱 만들어 내기도 쉽지 않은 일이었다. 설령 무엇인가 떠올린다고 해도 환영회 당일에 실수할지 모른다는 생각에 가슴을 졸이느라 밤잠을 설쳤다.

그 직장에서 잔뼈가 굵은 고참이라면 환영회쯤이야 즐거운 행사로 즐길 수 있어도, 당시 새파란 신입 사원이었던 나는 지옥에 가서 살생부를 든 염라대왕 앞에서 재롱 잔치를 펼쳐야 하는 기분이었다.

머리를 싸매고 고민한 끝에 나는 마술을 선보이기로 했다. 환영회 당일까지 이쑤시개를 사라지게 만드는 마술을 손가락에 쥐가 나도록 연습했다.

드디어 환영회 당일, 내가 무대 뒤에서 벌벌 떨며 대기하고 있는데 하필 톱스타 사원이 빵 터지는 개그를 선보였다.

웃옷을 훌러덩 올리고 민망하게 배를 노출한 다음에 우스꽝스러운 그림을 그려 넣은 뱃살을 출렁출렁 흔들며 좌중을 웃기는 몸을 사리지 않는 살신성인의 고난도 개그.

"그게 최선인가? 못 봐 주겠군. 장기 자랑은 이만 중단하지!"

그런데 톱스타가 연기를 마치자마자 울려 퍼진 부장님의 일갈, 순식간에 장기 자랑 코너가 통째로 사라졌다.

뒤에서 차례를 기다리고 있던 나와 다른 신입 사원들은 평범한 자기소개로 끝내도 좋다는 분위기로 흘러갔다. 콧구멍으로 가락국수를 넣어 입으로 뽑아내는 재주를 준비했던 동기는 "살았다."며 대놓고 안도의 한숨을 내쉬더니 털썩 주저앉고 말았다.

아무리 하기 싫어도 일개 신입 사원이 "저는 안 하겠습니다."라고 말하는 건 쉬운 일이 아니다. 나처럼 운 좋게 피할 수 있는 사람도 적지 않겠지.

그렇다면 어떻게 해야 할까? 해결책은 솔직히 나도 모르겠다.

다만 한 가지 말할 수 있는 건 망가질 때는 다 같이 망가지는 게 낫다는 정도.

입사 초기에 동기끼리 서로 힘을 합쳐야 할 때 누구 하나만 망가져서 망신을 당하지 않도록 주의하자.

다 같이 무엇인가를 극복한 경험이 동기 사이를 돈독하게 해 줄 테니 말이다.

아마 30년 뒤에는 다 같이 웃으며 이야기할 수 있겠지.

5 회식 뒤 노래방은 너무 괴롭다

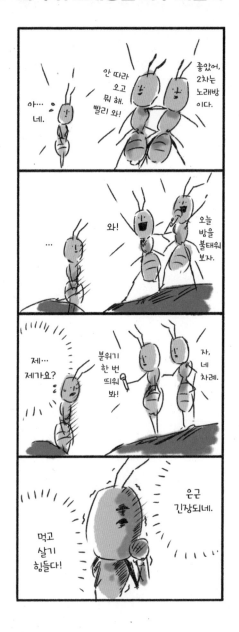

얼마나 공감을 얻을지 알 수 없으나 나는 회식 뒤 노래방이 싫다. 회사 동료들과 술자리를 가지는 정도는 백번 양보해서 소통과 단합을 위해서라고 이해할 수 있다.

그러나 2차로 노래방에는 도대체 왜 가야 할까? 노래방은 실내 소음이 커서 옆자리 사람과 대화하기 힘들고 분위기를 망치지 않기 위해 싫어도 한 곡은 불러야 한다. 노래방처럼 시끄러운 장소에서 어떻게 소통하고 화합을 도모할 수 있을까? 노래방은 대화에 적합하지 않은 환경이다.

나는 학창 시절 음악 실기 시험을 볼 때처럼 긴장해서 손발을 달달 떨며 마이크를 잡았다.

나 같은 사람에게 누군가가 노래방의 장점을 묻는다면 어두침침하다 정도의 장점밖에 떠오르지 않는다.

투명 인간처럼 어둠 속에 몸을 숨기고 기척을 지우자. 아, 참! 그래도 선배에게 한번은 말을 거는 센스를 발휘하자. 그래야 도망가지 않고 노래방까지 따라왔다는 사실을 알릴 수 있을 테니.

POINT

노래방에서는 투명 인간처럼 어둠 속에 숨어 있자.

6 업무를 내려놓고 한숨 돌리고 싶지만….

미리 말해 두자면 이 세상에 진짜 '야자 타임'을 즐길 수 있는 회사는 존재하지 않는다.

편하게 말을 놓으라고 했다고 진짜 말을 놓았다가는 어마어마한 후폭풍을 감당해야 할 수도 있다.

예전에 술에 취한 동료가 상사 앞에서 질척거리는 저질 개그를 선보였다가 다음 날 손이 발이 되도록 빌러 갔던 광경을 본 적이 있다. 회사 행사를 사적으로 어울려 노는 자리라고 착각해서 생긴 실수 같은 사건이었다. 설령 휴일에 열리는 행사라도 '회사' 행사는 회사 행사다. 술이 돈다고 해서 달라질 것은 아무것도 없다. 야외에서 고기를 구워 먹는 행사도 마찬가지다. 방심하지 말자. 자칫 선을 넘으면 석고대죄 정도는 해야 용서받을 수 있는 대형 사고를 칠 수도 있다.

나는 예전에 큰 프로젝트를 완료한 기념으로 휴일에 상사에게 불려 가 고급스러운 식당에서 점심을 얻어먹은 적이 있다. 상사와 함께하는 식사 자리는 밥이 코로 들어가는지, 입으로 들어가는지… 체하지 않으면 다행이다.

맛있는 음식을 얻어먹고 선배와 개인적으로 시간을 보내며 관계를 돈독히 할 수 있다며 열심히 머리를 굴려 긍정적인 부분을 찾아낸 뒤에야 아무 맛도 느껴지지 않던 식사를 서서히 즐길 수 있게 되었다.

＼ POINT ／

> 힘든 자리에서는 그나마 긍정적인 부분을 찾아내자.

7 휴일 뒤에는 이상하게 잠이 오지 않는다

휴일이 끝나고 출근하기 전날은 이상하게 잠이 오지 않는다.

'아, 내일부터 출근이네.'

'또 지긋지긋한 그 놈 얼굴을 봐야 하는구나. 진짜 싫다.'

생각이 너무 많아 쉽사리 잠을 이룰 수 없다.

이런저런 생각을 하느라 잠드는 시간이 늦어져 휴일을 보내고 출근한 날은 언제나 수면 부족으로 해롱거리는 상태.

"와, 신난다! 내일부터 출근이다!"

머리털 나고 한 번도 출근을 기다리는 사람은 본 적이 없다.

반대로 출근하기 싫어 죽겠다는 사람은 수두룩하다. 그렇다면 도저히 잠이 오지 않을 때는 어떻게 해야 할까?

나는 너무 열심히 생각하지 않는 방법을 썼다. 좀 더 자세하게 설명하면 퇴근하고 회사 문밖을 한 걸음 나서면 회사는 나와는 무관한 건물이라고 생각하려 애썼다. 휴일이 끝나고 출근하기 전날에도 같은 방법을 활용했다.

출근하기 직전까지 좋아하는 음악이나 라디오를 들으며 최선을 다해 머릿속에서 일 생각을 몰아냈다. 일은 회사에 한 걸음 들이는 그 순간부터 생각하면 충분하다. 전날부터 머리를 싸매고 끙끙거리며 미리 고민할 필요는 없다.

\ POINT /

회사에 발을 들이는 순간까지 회사를 모르는 건물이라고 생각하라.

8 꼰대 상사보다 더 무서운 귀차니즘

평상시 회사에 다닐 때는 휴일이 되면 '어디라도 다녀와야지.', '누구랑 만나야지.' 하고 다양하고 즐거운 계획을 세우는 즐거움이 있었다.

그러나 막상 휴일이 되면 만사가 귀찮아진다. 이불 밖으로 나오면 벌써 11시가 지난 시각, 어영부영하다 보면 어느새 저녁나절이 되어 있다.

이런 현상을 두고 나는 '귀차니즘 병'이라는 이름을 붙였다.

한참 '귀차니즘 병'을 앓고 있을 때는 아무 느낌도 들지 않다가, 밤이 오면 발작적으로 찾아오는 자기혐오에 휩싸인다.

'소중한 휴일 하루를 낭비했네. 진짜 한심하다.'

아무것도 하지 않고 휴일을 보낸 자신이 한심하게 느껴질 때는 '귀차니즘 병'에 걸린 순간의 자신을 용서해 주자.

이미 지나가 버린 일은 돌이킬 수 없다.

"온종일 잤어! 그래, 뭐가 어때서."

주위에서 뭐라 한들 흔들리지 말고 의연하고 꿋꿋하게 대처하자. 그게 무슨 대수라고, 내 휴일 내 맘대로 쓰겠다는데 누가 뭐래, 흥! 칫! 뿡! 내 인생은 내가 알아서 산다는 기운을 내뿜으며 씩씩하게 흘려버리자.

POINT

'네 죄, 아니, 내 죄를 사하노라.', '귀차니즘 병'에 걸린 순간의 자신을 용서해 주자.

9 남들은 다 쉬는 휴일에 혼자 출근한다

잘나가는 대기업에서 일하는 분들과는 인연이 없는 이야기니 대충 편하게 넘겨듣기를.

하지만 이 책을 여기까지 읽었다면 십중팔구 남들 다 노는 휴일에 출근했던 서러운 경험이 많든 적든 있지 않을까?

들뜬 표정으로 놀이공원으로 향하는 가족들이나 교외 나들이를 떠나는 행락객들이 잔뜩 탄 지하철. 때로 평일과 다르게 텅 빈 지하철을 타고 회사로 갈 때도 있다. 그 순간의 비참한 기분, 도살장으로 끌려가는 소가 된 것 같다.

지하철에서 흘깃 주위를 살펴보면 다들 생글생글 기운이 넘치는 환한 표정, 나 혼자 우거지상을 하고 있다. 나 빼고 다 행복해 보인다.

땅이 꺼지도록 한숨을 내쉬고 인상을 한껏 구겨 보아도 아무것도 달라질 게 없다. 그러니 휴일 출근의 장점을 찾아보자. 예를 들면 휴일에 출근하면 일하는 동안 울리는 전화를 받아야 한다거나, 이메일을 확인할 필요가 거의 없다.

즉 집중해서 쌓인 업무를 처리할 기회이기도 하다.

그러나 역시 휴일을 빼앗기는 건 괴롭다. 어떻게 해서든 자신을 어르고 달래고 자기 합리화하는 모든 수단을 동원해서 휴일 출근의 좋은 점을 찾아내서 버티자.

POINT

휴일에 출근하면 전화나 이메일의 방해를 받을 일 없이 일에 집중할 수 있다.

10 휴대전화가 있으면 휴일이고 뭐고 없다

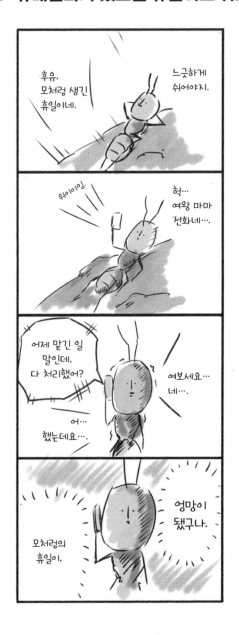

일주일에 대략 이틀인 소중한 휴일, 일은 단 1㎎도 생각하고 싶지 않다.

나는 회사에서 한 발짝 밖으로 나오면 우리 회사 건물 자체를 머릿속에서 지워 버렸다. 회사 건물 자체를 생전 본 적도 없다고 싹 무시하고 회사 일은 잊어버리자는 나름의 생존 전략이었다. 그래야 숨통이 트일 것 같았다.

그렇게 회사와 사생활을 구분해서 철저하게 충실한 휴일을 보내려던 나에게 불쑥 업무 모드로 전환하게 만드는 공포의 기기가 있다.

바로 휴대전화다.

휴대전화는 무서운 도구다. 친구나 가족과 연락할 때는 기특하고 편리한 소통 도구지만, 전화번호를 회사 상사나 고객에게 가르쳐 주는 순간 휴대전화가 목줄이 되어 회사에 24시간 매인 몸이 되고 만다.

전화번호를 가르쳐 주지 않는다는 작전도 있지만, 상사가 전화번호를 가르쳐 달라고 하면 입을 싹 닫고 도리질할 수는 없는 노릇이다.

"휴대전화요? 없는데요."

"어이쿠, 이를 어쩌죠. 지금 고장 나서요."

거짓말을 둘러댈 수도 있다. 그러나 실수로 휴대전화를 사용하는 모습을 들키면 생각만 해도 아찔하다. 회사 생활이 아주 고달파지겠지.

전화번호를 가르쳐 준다는 선택지밖에 없다.

상상해 보라. 평화로운 휴일에 '멍하니' 텔레비전을 보고 있는데 난데없이 휴대전화가 울리고, 화면에 상사의 이름이 떡하니 뜬다. 휴일 종료를 알리는 신호다.

나는 누워서 빈둥거리다가 벌떡 일어나 앉아 전화를 받았다.

무의식적으로 자세를 가다듬을 정도로 상사의 깜짝 전화는 나를 긴장하게 만들었다. 전화를 끊고 난 뒤에도 피로감이 남아 몇 분 동안 통화 내용이 머릿속에 맴돌았다.

'왜 전화했을까?'

'내가 무슨 사고라도 쳤나?'

설령 전화를 무시한다고 해도 불안이 휴일을 스멀스멀 잠식해 집에서 편하게 쉬지 못하고 부재중 전화를 확인하고 통화 버튼을 누르게 된다.

회사원 시절에 오랜만에 맞이하는 휴일에 놀이공원에 가서 일은 잊고 친구들과 꺅꺅 소리를 지르며 신나게 놀았다.

날이 저물기 시작하던 무렵, 퍼레이드가 잘 보이는 명당자리를 용케 차지하고 최고의 하루를 보냈다고 자부하며 남는 게 사진이니 사진이라도 찍자고 휴대전화를 꺼내든 순간, 회사에서 귀

신같이 알고 전화했다. 회사 번호로 부재중 전화가 찍혀 있었다.

꿈 동산에서 현실 세계로 우악스럽게 끌려온 나는 자리를 빼앗기지 않으면서 최대한 조용한 곳으로 이동해 전화를 걸었다.

고객에게 불만이 접수되었단다. 전화는 한 시간가량 이어졌고 상사의 설교가 끝날 무렵에는 퍼레이드가 끝나 있었다.

나는 지금도 상사와 통화하며 올려다본 아름다운 불꽃놀이를 기억한다.

\ POINT /

휴일에 회사에서 연락이 올까 조마조마해서 느긋하게 쉴 수 없다면 매도 먼저 맞는 게 낫다고 꾸물대지 말고 빨리 처리해 버리자.

11 회사 가까운 곳에 사는 게 죄라고?

집과 회사가 가까우면 좋은 점과 나쁜 점이 있다.

좋은 점은 출근할 때 아슬아슬한 시간에 집을 나설 수 있다는 점, 퇴근할 때는 집까지 오는 시간이 짧아서 빨리 쉴 수 있다는 점이다.

내 시간이 늘어나서 좋지만, 반대로 나쁜 점도 있다. 회사에 언제든지 불려갈 수 있다는 점이다.

나도 회사 근처에 혼자 방을 얻어 자취했던 경험이 있다.

퇴근하고 집에서 쉬며 느긋하게 텔레비전을 보고 있는데 갑자기 걸려 온 상사의 전화. 내 실수로 회사에 손해를 끼쳤을지 모른다는 생각에 부랴부랴 전화를 받았다.

"미안한데, 회사에 가서 팩스로 자료 좀 보내 줄래?"

단순한 잡무 지시 연락. 이런 일이 자주 있었다.

"가까운 데 사는 게 죄지. 만만한 게 우리야? 우리가 무슨 24시간 대기조냐고!"

옆집에 사는 동기도 비슷한 심부름을 부탁받고 투덜대며 회사로 달려갔다.

가까이 산다고 퇴근 뒤에 불러내는 경우 없는 회사가 많지는 않겠지만, 어쨌든 회사 근처에 살 집을 알아보려는 사람은 부디 다시 한번 생각해 보기를.

POINT

장점이 있으면 반드시 단점도 있는 법이다.

12 우리 회사가 휴일이라도 거래처는 쉬지 않는다

회사는 대부분 주 이틀, 토요일과 일요일에 쉰다.

그러나 모든 회사가 주말에 쉰다는 법은 없다. 교대 근무를 하는 회사는 평일에 휴일이 있을 수도 있다.

우리 회사는 쉬는 날인데 거래처가 일하면 그에 맞춰 대응해야 할 때도 있는 게 서글픈 직장인의 숙명.

특히 상대 회사가 내 담당이라면 휴일이라도 무시할 수 없다. 휴일에도 성실하게 응대해 준다고 예쁘게 봐 줄 수도 있으니 말이다.

그러나 나는 그 정도까지 자신을 희생할 필요는 없다고 생각한다.

휴일은 휴일. 이쪽에는 '쉬는 날이었다!'는 대의명분이 있다.

\ POINT /

무리해서 상대에게 맞출 필요는 없다.

13 나이가 들면 놀 친구가 줄어든다

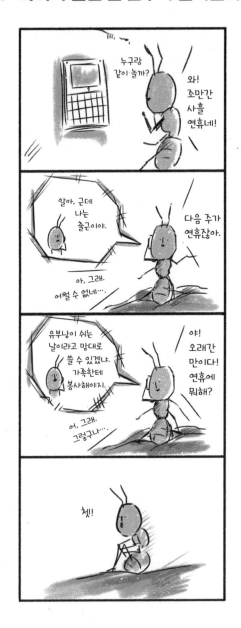

모처럼 생긴 휴일에 누구 한가한 사람 없나 한 바퀴 연락을 돌려 보았다. 그런데 마음먹는다고 모일 수 있는 친구는 나이를 먹을수록 점점 줄어든다.

이유는 다양하다. 휴일이 맞지 않는다거나, 가정이 생겼다거나, 일이 바쁘다거나, 전근으로 다른 도시에 산다거나. 지금 내가 딱 그 상황이라 친구와 어울릴 기회가 점점 줄어들고 있다.

나이 드는 것도 서러운데 서글프다. 외롭고 쓸쓸한 내 마음은 어떻게 달래야 할까?

그럴 때는 혼자 즐길 수 있는 일을 찾아 보자.

나는 그림 그리기를 추천한다. 그림은 시간을 들여야 좋은 그림이 완성되기 때문에 시간이 남아돌면 돌수록 유리하다.

나는 대학교 여름방학 때 딱히 약속도 없고 나갈 일도 없어서 집에서 방학 내내 잤다. 이러다 한 줌 모래가 되어 사라질 것 같다는 공포에 사로잡힌 적이 있다.

그래서 남아도는 시간을 이용해 큼직한 종이에 색연필로 세밀화를 그려 보았다.

매일매일 그렸다. 남는 게 시간이었기 때문이다. 정성을 다해 꼼꼼하게 그렸다. 실수하면 지우고 다시 그렸다. 어차피 시간이 남아돌았으니까. 시간은 얼마든지 있었다.

여름방학이 끝날 무렵에 비는 시간을 총동원해 그림을 완성해 우연히 눈에 띈 회화 작품전에 그 그림을 보냈다가 덜컥 최우수상을 받고 말았다.

다양한 방면에서 한가한 시간이 엄청난 무기가 될 수 있다.

운동이나 공부 등 자신의 여가를 어떤 일에 투자해 무엇인가를 얻을 수 있다.

'놀아 주는 사람 하나 없는 쓸쓸한 휴일'에서 '무엇인가 즐거운 일로 시간을 보낼 수 있는 일을 찾자'는 방향으로 발상을 전환해 시간이 남아돌아도 하나도 아깝지 않도록 알뜰하게 즐겨 보자.

제 5 장

사람은 왜 일하지 않으면 살 수 없는가?

'취직, 이직' 이러쿵저러쿵

1 평생 일만 하다 뼈를 묻으면 어쩌지?

매일 아침부터 밤까지 아등바등 일하면 어느 날 문득 '정말로 평생 이렇게 일하며 살아야 할까?'라는 생각이 드는 순간이 있다.

대개 일이 잘 풀리지 않거나 보람을 느끼지 못할 때 드는 생각이다. 일이 잘 풀리지 않더라도 조금 더 시간이 지나 어느 정도 성과가 나오면 심경의 변화가 나타날 수 있으니 때를 기다리는 방법이 있다.

그러나 보람을 느끼지 못한다면 큰일이다.

조금이라도 그 회사에서 일해서 즐겁다는 생각이 들어야 하는데, 즐겁기는커녕 괴롭기만 하다면 무리하지 말고 이직을 고려해 보자.

이직을 결심했다면 지금 일하는 회사의 어떤 부분이 나와 맞지 않았는지를 분석해 다음 회사에서 같은 실수를 반복할 가능성을 줄여 나가자.

자신에게 지나치게 압박을 주지 말고 나답게 할 수 있는 일을 다시 한번 찾아보면 어떨까.

POINT

이직을 염두에 두는 건 절대 나쁜 짓이 아니다.

2 신입 사원 연수가 어딘가 이상하다

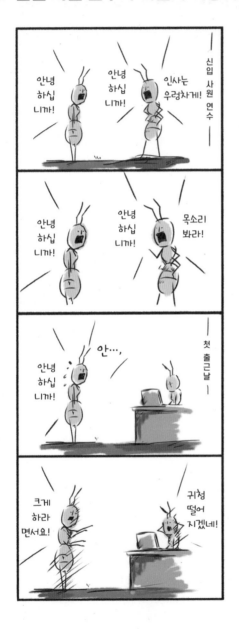

어느 회사에나 길든 짧든 신입 사원 연수가 있다. 연수는 신입 사원이 사회인의 필수 덕목인 비즈니스 매너와 기술을 배울 수 있는 소중한 시간이다.

내가 처음 일한 회사는 예의범절을 무척 중시해 신입 사원 연수에서 인사할 때 허리를 굽히는 각도부터 복장 규정까지 까다롭게 지도했다.

특히 인사 연습을 독하게 시켰는데 아침부터 밤까지 큰 소리로 인사만 반복하고 합격 신호가 떨어질 때까지 집에 보내 주지 않았다.

고달픈 연수를 마치고 일하게 될 부서로 발령받아 첫 출근을 한 날, 연수에서 연습한 대로 쩌렁쩌렁하게 큰 소리로 인사했다.

"귀청 떨어지겠다! 살살 좀 해라!"

연수에서 배운 대로 인사했다가 첫날부터 억울하게 구박받았다.

일주일 동안 한 힘겨운 연수는 무엇을 위해서였을까?

아무래도 인사 연습이 아니라 학창 시절의 흔적을 없애기 위한 훈련이 아니었을까.

연수에는 얼핏 봐서는 알 수 없는 의도가 숨겨져 있을 때가 있는데, 상사에게 시끄럽다고 타박을 들은 순간 엄청난 충격을 받았다.

POINT

연수에는 알 수 없는 의도가 숨겨져 있을 때도 있다.

3 내가 정말로 하고 싶은 일이 뭔지 모르겠다

지금 하는 일은 싫은데 딱히 하고 싶은 일이 뭔지 모르겠다는 이야기를 자주 듣는다.

그런 사람은 엄청나게 한가할 때 자신이 하고 싶은 일이 무엇인지 생각해 보자.

앞에서도 이야기했는데, 나는 학창 시절 여름방학에 친구와 놀러 간다거나 학기 중에 가지 못한 곳에 가는 것처럼 특별한 계획 없이 온몸이 녹아내리도록 늘어지게 잠을 잤다. 너무 많이 자서 슬슬 잠에 질렸을 때는 그림을 그렸다.

그 당시 나는 그림과 만화 그리기를 좋아한다는 사실을 깨달았다.

시간이 남아돌 때, 가령 '운동하러 가자.', '영화나 보러 갈까?', '책이자 읽자.'는 식으로 심심풀이로 하는 행동의 이면에 자신이 어떤 일에 관심이 있는지를 알려 주는 실마리가 숨어 있을 수 있다.

예를 들어 영화를 좋아한다면 '영화를 찍는 사람', '영화에 출연하는 사람', '영화를 편집하는 사람', '영화를 판매하는 사람', '영화를 홍보하는 사람' 등 폭넓은 직업의 세계가 펼쳐진다. 그중에서 제일 하고 싶은 일을 선택해 보면 어떨까.

＼ POINT ╱

시간이 주체할 수 없을 정도로 남아도는 순간이 생긴다면 내가 하고 싶은 일을 생각해 보자.

4 나 빼고 다 유능해

이직, 구직 활동 중 회사 설명회나 면접을 보러 가면 상상을 초월하는 수의 경쟁자들이 즐비하다.

게다가 나 빼고 다 유능해 보인다. 그런 친구들을 보면 '역시 나는 글러 먹었다.'는 약한 마음이 삐죽 고개를 든다.

하지만 괜찮다. 경쟁자의 눈에도 내가 유능해 보일 테니 말이다.

같은 무채색 정장을 입었는데 옆 친구가 입은 옷은 뭔가 때깔이 달라 보일 때가 있다. 원래 남의 떡이 더 커 보이고, 남의 집 잔디밭이 더 푸르러 보이는 법이다. 그러니 기죽지 말자.

면접관은 지원자의 있는 그대로의 모습을 보고 싶어 한다. 진솔한 자세로 면접에 임하면 나와 잘 맞는 기업을 만날 확률이 조금은 늘어나지 않을까.

POINT

주위에서도 나를 유능하게 봐 줄 테니 너무 겁내지 말자.

5 이직한 회사가 전 직장보다 나쁜 곳이면 어쩌지?

나는 사원수가 열 명 남짓인 아담한 회사와 천 명이 넘는 대기업 등을 두루 경험했다.

이직 이유는 사람마다 제각기 다르겠지만, 나는 조금이라도 내 목표와 가까워질 수 있는 회사에서 일하고 싶어 이직을 결심했다.

나는 일러스트레이터를 꿈꾸었기에 우선 그림 그릴 시간을 확보할 수 있도록 야근이 적은 회사로 옮겼다.

회사에 적을 두고 활동하는 일러스트레이터가 어떻게 일하는지를 배우기 위해서였다.

'야근 시간이 짧다.', '특정 업종의 사람을 만날 수 있다.' 등 도저히 양보할 수 없는 부분을 정확히 파악하고 나서, 다음 직장 찾기에 나섰다.

일러스트레이터가 되겠다는 목표를 버리지 않고 일자리를 알아보았기에 꿈을 포기하지 않고 일할 수 있었다. 내가 도저히 양보할 수 없는 부분이 무엇인지를 파악하는 과정을 거쳤기에 내가 받아들일 수 있고 나를 받아 줄 수 있는 직장을 찾을 수 있지 않았을까.

\ POINT /

도저히 양보할 수 없는 부분을 확실하게 파악하자.

6 이직할 시간을 달라!

매일 아침 일찍부터 밤늦게까지 일하고 휴일에도 출근하자니 새로 옮겨 갈 회사를 검색하거나 발품을 들이는 이직 활동을 할 짬이 나지 않았다. 적어도 내가 일하던 직장은 그랬다.

그런 상황에도 나름대로 이점은 있다. 돈 쓸 시간이 없어 돈이 차곡차곡 모였다.

휴일에도 일하느라 돈 쓸 일이 줄어들어 나는 2년 정도 일하지 않아도 먹고 살 수 있을 정도로 돈을 모았다. 초대형 연휴가 그렇게 시작되었다.

나는 회사에 사직서를 내고 저금을 헐어 이직 활동에 전념했다. 바쁘다는 핑계를 대지 말고, 바쁠 때는 바쁠 때만 할 수 있는 일로 작전을 변경하자.

직장을 옮길까 말까 고민하는 중이라면 일단 저축부터 시작하자. 돈이 우리를 자유롭게 할지어다! 돈이 있으면 일자리를 알아보며 쉬는 기간 등 자신에게 선택의 여지를 줄 수 있다.

\ POINT /

바쁠 때는 바쁠 때만 할 수 있는 일을 하자.

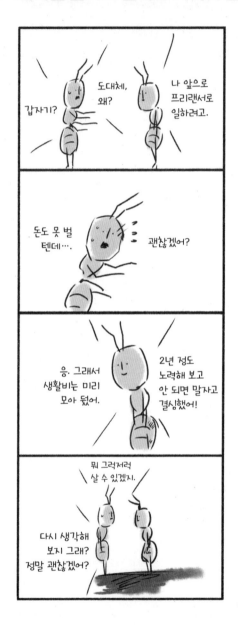

일본에서 생긴 신조어 중에 '요메 블록(嫁ブロッ ク)'이란 말이 있다. 기혼 남성이 아내의 전직이나 독립을 저지(block)한다는 뜻이다. 나는 다행인지 불행인지 결혼을 하지 않아 전직이나 독립을 막을 사람이 없다.

그러나 회사원을 그만두고 프리랜서로 일하고 싶다고 부모님에게 보고했을 때 부모님이 반대할지 몰라 살짝 긴장했다.

가족의 동의가 없어도 이직이나 독립은 사실 자유롭게 선택할 수 있어야 마땅한데, 마음 한구석으로는 가장 가까운 누군가가 내 결정을 지지해 주고 응원해 주기를 바라는 게 인간일까.

설득을 위해 이해하기 쉬운 '기한'을 설정해 두면 어떨까.

나는 저축액을 알리고 2년 동안 프리랜서 수입으로만 먹고 살 수 없으면 프리랜서를 포기하고 재취업하겠다고 각오를 밝히며 부모님을 설득했다.

내 의지를 말로만 외치는 게 아니라 스스로 정한 규칙을 공유하면 주위 사람도 조금 더 쉽게 이해하고 받아들일 수 있다.

POINT

'기한'과 '열정'으로 주위 사람의 동의를 구하자.

8 입사 전에 들었던 이야기와 너무 다르다

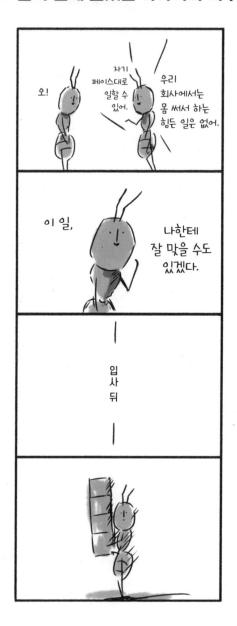

구직 사이트에 '휴가 보장', '분위기 좋음! 가족처럼 편안한 분위기!' 같은 문구가 적혀 있어도 막상 입사하면 생각처럼 휴가를 쓸 수 없거나 장난 아니게 살벌한 분위기의 직장일 수도 있다.

내가 여태까지 경험한 직장 중 분위기는 그리 나쁘지 않았는데 휴일이 구직 사이트에 기재된 일수보다 훨씬 적었던 곳이 있었다.

선배 중에는 365일 근무했다는 전설을 가진 사람도 있을 정도였다. 그 전설을 들은 우리 신입 사원은 입사 전에 들었던 이야기와 완전히 다르게 돌아가는 회사의 현실을 깨닫고 두려움에 몸을 떨었다.

얼마 뒤 동기들끼리 점심을 먹던 자리에서 이야기가 나왔다.
"야, 이 회사 좀 이상하지 않아?"

우리끼리 매일 머리를 맞대고 고민했다. 하지만 갓 입사한 우리가 회사의 본질을 바꿀 수는 없었다.

나와 동기들은 갓 입사한 회사에 미련을 버리기로 했다. 평생 일할 직장이 아니라 이직 자금을 조달하는 잠시 거쳐 가는 곳이라고 생각하기로 했다.

평생직장이라고 믿고 입사한 회사였는데 휴일 없이 일하려니 역시 너무 힘들어서….

자세히 알아보니 이 회사의 이직률은 우리가 들은 정보보다 훨씬 높았다. 내가 입사하기 전에 들은 이야기는 거의 도움이 되지 않았다.

만약 받아들일 수 없다면 억지로 회사에 맞출 필요 없이 이직도 선택지 중 하나로 넣어 두는 편이 현명하다.

계속 무리하다가는 몸이 버티지 못한다.

나와 같은 실수를 저지르지 않도록 취직이나 이직 시에는 그 회사를 철저하게 조사하는 준비 작업을 게을리 하지 말자. 이직률과 야근 시간 등 직접 묻기 껄끄러운 정보가 막상 일할 때는 더 중요하다.

겁내지 말고 완전히 이해할 수 있을 때까지 자꾸자꾸 물어서 최대한 실패 확률을 줄이자.

╲ POINT ╱

무리해서 회사에 맞출 필요는 없다.

제 **6** 장

취미가 일이 되었을 때
치러야 하는 대가는?

'프리랜서' 이러쿵저러쿵

1 혼자 일하다 보니 온종일 말 한마디 못 했다

나 같은 프리랜서에게는 흔한 일인데, 혼자 방에 틀어박혀 일하다 보면 어느새 해가 저물고 밤이 되어서 온종일 누구와도 대화하지 않고 끝나는 날이 있다.

온종일 혼자 일하느라 말 한마디 나눌 대상이 없다면 '반려동물'과 하는 동거는 어떨까.

내가 추천하는 반려동물은 개구리. 사실 곤충이라고 말하고 싶은데 곤충은 감정을 파악하기 어렵고 기계적으로 먹이만 주는 관계가 되는 경향이 있다.

장수풍뎅이 유충은 땅속에 들어가 거의 나오지 않기에 소통 자체가 불가능하고, 사슴벌레도 나무 뒤에 숨어 거의 얼굴을 보여 주지 않는다.

하지만 개구리는 먹이를 주려고 하면 폴짝폴짝 다가오고 핀셋으로 먹이를 주면 날름거리며 받아먹어 나름대로 소통하는 기분을 느낄 수 있다.

"자, 밥 먹자!"

아무래도 반려 개구리에게 말을 붙이는 건 좀 안쓰러워 보인다.

'오, 먹는다, 먹어!'

마음속으로 혼잣말을 하는 정도라도 타인의 존재를 느끼면 조금이나마 기운이 날 때가 있다.

참고로 내가 기르는 개구리는 산청 개구리다.

> POINT

> 의사를 느낄 수 있을 정도의 반려동물과 하는 공동생활을 추천한다.

2 일단 부딪쳐 봤다가는 깨지기 십상이다

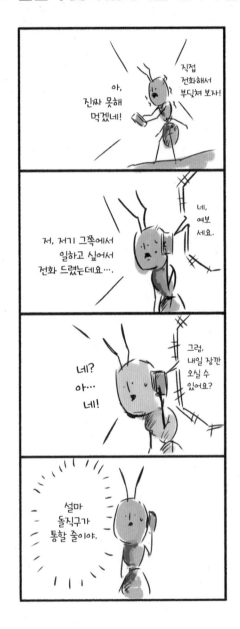

프리랜서가 첫 번째로 부딪치는 벽은 역시 일이 없다는 것이다.

나도 돈 받고 일하는 일러스트레이터가 되려면 무슨 일을 어떻게 해야 하는지 하나도 몰라 일단 매일 그림을 그리며 그림 실력을 갈고닦았다.

그러나 아무리 그림 실력이 늘어도 누구에게 보여 주지 않으면 아무 의미가 없다.

그래서 개인전을 열어서 많은 사람에게 그림을 보여 주기로 했다.

당시 개인전에는 지인이 우르르 몰려와서 내 그림을 칭찬해 주어 나는 그럭저럭 성공한 행사였다고 자평했다.

하지만 일러스트 일감으로는 연결되지 않았다. 그도 그럴 것이 지인에게 그림을 보여 주면 "그림 솜씨가 많이 늘었구나!"라고 반응할 뿐 그 이상의 발전은 기대할 수 없다.

이래서는 일러스트레이터로 먹고살 수 없겠다는 생각에 나는 지인이 아닌 사람에게 그림을 선보일 수 있도록 많은 사람이 모이는 일러스트 샘플 시장에 내 그림을 전시하기로 했다.

기간은 사흘, 참가비로 5만 엔 정도를 썼다.

'이건 초기 투자야!'

눈물을 머금고 피 같은 돈을 냈다. 그나마 투자한 보람이 있어 몇 건의 일러스트 의뢰가 들어왔고, 보수로 총 8,000엔을 벌었다. 본전도 못 찾은 장사였다.

잘 되면 매번 참가하자고 생각했는데 벌이는 너무 적은데 매번 참가비로 5만 엔씩 쓰다 보니 적자가 이어지며 통장에서 돈이 쭉쭉 빠져나갔다.

어떻게 하면 돈을 쓰지 않고 내 그림을 보여 줄 기회를 만들 수 있을지 궁리하던 나는 출판사에 영업 전화를 돌렸다.
"포트폴리오를 우편으로 보내 주시면 검토해 보고 연락 드릴게요."
짠 것처럼 같은 대답이 돌아올 뿐 직접 만나 주는 출판사는 없었다.
경력을 쌓고 출판사 문을 다시 두드려 보자고 다짐하고, 먼저 내가 평소에 참가하던 곤충 행사 전단 제작 일을 따내자고 결심했다.

그런데 곤충 행사를 여는 주최 측의 전화번호를 알아낼 길이 없었다. 출판사처럼 간판을 걸고 영업하는 회사가 아니었기에 전화번호가 공개되어 있지 않았다. 나는 맨땅에 헤딩하는 심정으로 마음을 굳게 먹고 행사장에 직접 찾아가 발로 뛰었다.
"이 행사를 주최하시는 분과 이야기하고 싶은데요."
행사장 스태프에게 행사 주최자를 수소문하며 돌아다녔다.
그리고는 가까스로 만난 주최자와 직접 담판을 지었다.
"일러스트 일을 하고 싶은데, 저한테 맡길 일이 없을까요?"
너무 돌직구를 날렸는지 순간 움찔하더니 그래도 내가 필사적으로 설명하자 의외로 쉽게 이해하고 선뜻 일감을 주었다.

행운이 따랐는지 그날부터 반년에 한 번 전단 제작으로 1만 엔짜리 일감을 따낼 수 있었다.

일단 일감을 잡자 영업에 본격적으로 뛰어들고 싶은 욕망이 꿈틀거렸다.

'나 이 일로 먹고사는 사람이야!'

사람들에게 프로페셔널로 인정받고 싶었다.

'일단 부딪쳐 보자!'는 마음으로 열심히 자신을 알리면 상대방이 귀를 기울여 주는 순간이 찾아올 때가 있으니 포기하지 말고 도전해 보자.

\ POINT /

'일단 부딪쳐 보자!'는 마음으로 자신을 알려 보자.

3 내키는 대로 쉬다가는 백수 신세

프리랜서 생활을 상상하면 매일 회사에 가지 않아서 신난다는 생각이 들지 않는가? 사실 나도 회사원 시절에는 그랬다.

일반적인 회사원이라면 매일 아침 7시에 일어나 9시부터 일하고 야근을 하면 밤 9시가 넘어서 퇴근하고 주말 이틀을 쉰다.

반면 프리랜서는 일어나는 시간은 자유, 일을 끝내는 시간도 자유, 휴일도 자유다. 자유가 보장된 최고의 생활처럼 보이기 쉽다.

그러나 실제로 프리랜서가 되어 보니 그렇게 즐겁지 않았다. 멍하니 있다가는 백수가 되어 손가락을 빨며 쫄쫄 굶는 신세가 되기 때문이다.

백수와 프리랜서는 종이 한 장 차이다. 불러 주는 곳이 많은 잘나가는 일부를 제외하면 적당히 농땡이를 부리며 일하면 수입은 0원.

그래서 스스로 영업하고 자기 관리에 충실하고 일할 때는 일하고 쉴 때는 야무지게 쉬는 등 정신 바짝 차리고 일하지 않으면 프리랜서 생활에서 살아남을 수 없다.

POINT

언제라도 '백수'가 될 수 있다는 위기의식을 갖자.

4 마감이 부담스럽다

어린 시절에는 만화가나 일러스트레이터가 '마감이 코앞이야, 큰일 났다!'라고 절규하는 모습을 보면 '성공의 증거'로 느껴져 초롱초롱 눈을 빛내며 동경했다.

개구리 올챙이 시절 모른다고 내가 지금은 마감의 압박을 느끼며 위의 대사를 외치며 산다. 오해하지 말자. 절대 내가 성공해서 그러는 것은 아니다.

잘 팔리는 일러스트레이터가 아니라도 마감은 무섭다.

"다음 달까지 일러스트 50장 부탁드려요."

'하루에 2장만 그리면 되겠네. 그 정도야 식은 죽 먹기지. 널널하네.'

이렇게 여유를 부리며 일을 받아 놓고는 자기 관리에 실패해 마지막 일주일 동안 잠자는 시간을 줄여 가며 모든 약속을 무시하고 발등에 떨어진 불을 끄느라 정신이 없다. 여름방학 내내 팽팽 놀다가 개학을 앞두고 밀린 숙제를 처리하던 그 시절과 달라진 게 없다.

"마감이 언제였더라?"

어느 순간 중얼거리는 나. 내가 어린 시절 동경하던 성공한 작가의 입에서 나오던 대사와는 무게가 전혀 다르다. 나도 언젠가는 자기 관리에 철저한, 중후한 목소리로 멋있게 자세를 잡고 마감 날짜를 가늠해 보는 성공한 작가가 되고 싶다.

\ POINT /

마감은 계획적으로 지키자.

5 초라한 명함이 나를 불안하게 한다

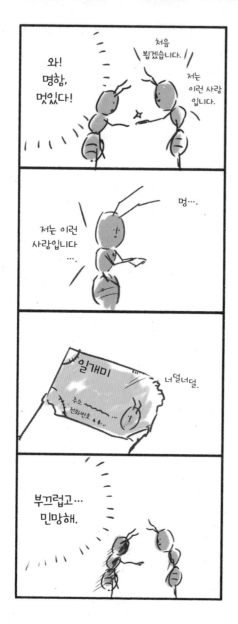

프리랜서가 되면 회사에서 명함이 나오지 않기에 스스로 명함을 만들어서 써야 한다. 나는 명함에 돈을 들이고 싶지 않아서 우리 집 프린터로 한꺼번에 잔뜩 뽑아 두었다. 그 명함을 주머니에 넣고 영업 전선으로 출격.

자신만만하게 영업을 하며 명함을 교환하다 내 명함의 얇은 두께와 촌스러운 디자인에 민망해졌다.

어떤 날은 몇몇 사람과 미팅을 했는데, 명함을 한 장씩 교환할 때마다 게임에서 몬스터에게 공격을 받을 때처럼 '10'씩 데미지가 들어왔다. 명함을 3장 정도 교환했을 때는 쥐구멍이라도 있으면 찾아서 들어가고 싶은 기분이라 얼굴이 울상이 되고 말았다.

안 그래도 홀로 맞서 사람을 상대해야 하는 프리랜서.

초반부터 연속해서 데미지를 입어 영혼이 너덜너덜해졌다.

"보수 안 드려도 괜찮죠? 열정 페이 아시죠?"

"아, 네."

만약 그날 누군가가 황당한 제안을 했다 해도 덜컥 받아들였을 정도로 넋이 나가서 엉뚱한 대답을 했을 수도 있다.

깍듯하게 인사하고 명함을 교환하자. 겁먹지 말고 미팅에 집중하자. 지금 나는 누구에게 건네도 부끄럽지 않은 명함 제작에 골몰하고 있다.

\ POINT /

명함은 자신의 얼굴이라고 생각하고 정성스럽게 제작하자.

6 보수 교섭이 힘들다

프리랜서가 부딪치는 가장 높고 단단한 벽은 보수 교섭이다.

회사를 그만두고 독립했을 때 나는 일러스트레이터가 되려면 어떻게 해야 하는지 알려 주는 책을 읽은 뒤 인터넷에서 그림 1장당 얼마나 받는지를 검색해 보았다.

학창 시절에는 그림을 그려 달라는 부탁을 받으면 공짜로 그려 주었다.

급하게 내 몸값을 정하는 건 정말로 어려웠다.

'1장에 1,000엔 정도 받으면 적당할까?'

이렇게 생각하고 받은 일이, 한 장을 그리는 데 다섯 시간씩 걸려 시급 200엔짜리 일이 되고 말 때도 있다.

이대로는 먹고살기 힘들겠다고 현실을 실감하고 나서 나름대로 보수를 정해 표를 작성해 보았다.

이 정도 작업이면 ○○엔 정도라고 미리 정해 두었다.

"다시 검토해 주시겠습니까?"

의뢰인이 터무니없이 낮은 금액을 제시할 때는 그 표를 확인하고 나서 곧바로 이의를 제기했다.

덕분에 낮은 시급으로 헐값에 부려 먹는 일은 받지 않게 되어서 기분 좋게 그림 작업에 집중할 수 있게 되었다.

만약 내가 설정한 가격보다 낮은 금액인데 거절하지 못하고 "네."라고 대답해 버렸다면, 도중에 "보수를 올려 주십시오."라고 말해야 하는 상황이 생길 수도 있다.

또 수긍할 수 없는 보수를 받고 제작하는 그림은 아무래도 어딘가 허술해져 내 평판을 깎을 우려가 있다.

다만 보수가 낮은 일은 절대 하지 않겠다고 너무 빡빡하게 굴 필요는 없다. 그 일에 '보람'과 '장래성'이 있다면 보수를 조금 적게 받더라도 하는 게 낫다.

보수가 내가 설정한 수준보다 낮아도 하고 싶은 일이라거나 그 일이 미래의 나에게 보탬이 된다고 판단하면 망설이지 말고 도전하자.

나는 아직도 보수 교섭이 어색한데, 보람과 내가 설정한 표를 정기적으로 확인해 최근에는 교섭 기준이 어느 정도 자리 잡아 보수 교섭에 조금은 숨통이 트인 느낌이다.

\ POINT /

> 나름의 '보수표'를 만들고 '보수가 낮아도 도전하고 싶은 일'인지 아닌지 확실한 기준을 세우자.

너 언제까지
회사 다닐래?

1판 1쇄 2021년 8월 26일

쓰고 그린이 주에키 다로 옮긴이 서수지
펴낸이 유경희 편집 이종식 디자인 레이첼
펴낸곳 레몬한스푼 출판등록 2021년 4월 23일 제2021-000083호
주소 07291 서울특별시 영등포구 영등포로 106, 101동 1902호
전화 02-2634-9927 팩스 02-2634-9928 이메일 bababooks1@naver.com
인스타그램 bababooks2020.official
ISBN 979-11-969881-5-9 03190